Amberg/Haushahn

Marktstudie
Digitale Personalakte

Amberg/Haushahn

Marktstudie
Digitale Personalakte

- Trends und Potentiale -

DATAKONTEXT

Bibliografische Information Der Deutschen Nationalbibliothek
Die Deutsche Nationalbibliothek verzeichnet diese Publikation in der
Deutschen Nationalbibliografie; detaillierte bibliografische
Daten sind im Internet über <http://dnb.d-nb.de> abrufbar.

Bei der Herstellung des Werkes haben wir uns zukunftsbewusst für
umweltverträgliche und wiederverwertbare Materialien entschieden.
Der Inhalt ist auf elementar chlorfreiem Papier gedruckt.

ISBN 978-3-89577-574-1
1. Auflage 2009

E-Mail: kundenbetreuung@hjr-verlag.de

Telefon: +49 89/2183-7928
Telefax: +49 89/2183-7620

© 2009 DATAKONTEXT, eine Marke der Verlagsgruppe Hüthig Jehle Rehm GmbH
Heidelberg, München, Landsberg, Frechen, Hamburg

www.datakontext.com – www.datakontext-press.de
E-Mail: fachverlag@datakontext.com

Dieses Werk, einschließlich aller seiner Teile, ist urheberrechtlich geschützt. Jede Verwertung außerhalb der engen Grenzen des Urheberrechtsgesetzes ist ohne schriftliche Zustimmung des Verlages unzulässig und strafbar. Das gilt insbesondere für Vervielfältigungen, Mikroverfilmungen, Übersetzungen und die Einspeicherung und Verarbeitung in elektronischen Systemen.

Lizenzausgaben sind nach Vereinbarung möglich.

Covergestaltung: Jasmin Dainat, DATAKONTEXT, Frechen
Satz: III-satz, Husby, www.drei-satz.de
Druck: Media Print, Paderborn

Vorwort

Dokumenten-Management-Systeme im Personalbereich zeichnen sich vor allem durch zwei wesentliche Punkte aus:

1. einen standortunabhängigen Zugriff

   sowie

2. einen gleichzeitigen Zugriff

auf die digital gespeicherten Dokumente. Diese und weitere Optimierungspotenziale für Unternehmen haben dazu geführt, dass sich auf dem Markt für die Digitale Personalakte vor allem spezialisierte Anbieter und supplementäre Module von HCM-Anbietern (Human Capital Management Systeme) etabliert haben, deren Produkte erheblichen gesetzlichen Reglementierungen unterliegen. Diese strengen datenschutzrechtlichen Bestimmungen dienen dem Schutz der sensiblen und streng vertraulichen Mitarbeiterdaten. Zur Gewährleistung der gesetzlichen Plichten muss beispielsweise der berufliche Werdegang eines Arbeitnehmers vollständig und wahrheitsgemäß dokumentiert werden, so dass in einer Personalakte alle personenbezogenen Dokumente abzulegen und entsprechend der gesetzlichen Aufbewahrungsfristen zu verwahren sind.

Durch diese Archivierungsfunktion und die Tatsache, dass im Personalbereich nahezu alle Abläufe durch ein Dokument angestoßen werden, werden erhebliche Mengen an Dokumenten in den Personalabteilungen erzeugt. Für einen effizienten Arbeitsablauf in den HR-Abteilungen stellen immer mehr Unternehmen von einer papiergeführten auf eine digitale Aktenführung um. Diese Tendenz führte dazu, dass sich die Digitale Personalakte als Basistechnologie für alle papier- und datenbezogenen Prozesse im HR-Umfeld etabliert hat.

Diese Sachlage nahm Prof. Dr. Michael Amberg vom Institut für Wirtschaftsinformatik III an der Universität Erlangen-Nürnberg zum Anlass, dem vorhandenen Informationsdefizit mit einer empirischen Untersuchung entgegen zu wirken. Die von Prof. Michael Amberg und seinem wissenschaftlichen Team (Herr Markus Haushahn und Herr Peter Weiß) verfasste Marktstudie „Trends und Potenziale der digitalen Personalakte" liefert sowohl der Praxis als auch der Wissenschaft detaillierte Erkenntnisse über noch offene Fragen hinsichtlich der digitalen Personalakte. Obwohl die Anbieter ihre Marktaktivitäten schon seit mehreren Jahren forciert haben, wurden aktuell von wissenschaftlicher Seite keine dedizierten Untersuchungen über die momentane Verbreitung und die zu erwartenden Verbesserungspotenziale durch die digitale Personalakte durchgeführt. Dies führte dazu, dass es für die Verantwortlichen in den Personalabteilungen keine aktuelle, unabhängige und fundierte Analyse in Bezug auf die zu erwartenden Effekte gab. Die Marktstudie „Trends und Potentiale der digitalen Personalakte" liefert nun sowohl der Praxis als auch der Wissenschaft detaillierte Erkenntnisse über noch offene Fragen hinsichtlich der digitalen Personalakte. Die Untersuchung, zu der in den Monaten Juli bis Oktober des Jahres 2008 deutschlandweit 227 Personalverantwortliche aus Unternehmen befragt wurden, stieß mit einer Rücklaufquote von 24,58 Prozent auf eine erfreulich hohe Resonanz unter den Befragten.

Über die Hälfte der Studienteilnehmer archivieren Personalakten bereits in der digitalen Personalakte. 95 Prozent der Befragten schätzen die digitale Personalakte als aktuell wichtig ein. Der aktuell skizzierte Markt der Business-to-Business Software lässt darüber hinaus folgenden Schluss zu: Unter den befragten Unternehmen wurden vor allem die Produkte der Münchner *aconso* AG (22,6 Prozent) sowie die der SAP AG (21,7 Prozent) einer Prüfung unterzogen. Neben den beiden dominierenden Anbietern sind weitere Unternehmen in diesem Softwaresegment am Markt präsent. In Hinsicht auf die zukünftige Wichtigkeit konnte eine hundertprozentige Zustimmung festgestellt werden.

Inhalt

Vorwort		5
A	**Einführung und Grundlagen**	**11**
1	Problemrelevanz	11
2	Zweck, Inhalte und rechtliche Grundlagen der Digitalen Personalakte	13
	2.1 Zweck der Digitalen Personalakte	13
	2.2 Inhalte der Digitalen Personalakte	13
	2.3 Rechtliche Grundlagen	14
	2.3.1 Bundesdatenschutzgesetz (BDSG)	14
	2.3.2 Bertriebsverfassungsgesetz (BetrVG)	15
	2.3.3 Allgemeines Gleichbehandlungsgesetz (AGG)	16
	2.3.4 Bundesbeamtengesetz (BBG)	17
	2.3.5 Urteile	18
3	Entwicklungen innerhalb des Personalmanagements	21
B	**Empirische Untersuchung**	**25**
1	Design der Untersuchung	25
	1.1 Angesprochene Zielgruppe der Befragung	25
	1.2 Methode der Erhebung	25
2	State of the art	25
	2.1 Beschreibung des Fragebogens	25
	2.1.1 Erarbeitung des Fragebogens	26
	2.1.2 Überblick über die Fragen	29
	2.2 Teilnehmer der Studie	29
	2.2.1 Bekleidete Positionen	29
	2.2.2 Anzahl der beschäftigten Mitarbeiter weltweit	29
	2.2.3 Branchenverteilung der Unternehmen	30
	2.2.4 Standorte und internationale Tätigkeit	30
	2.2.5 Bekanntheit der Anbieter	31
	2.2.6 Beurteilung der aktuellen und zukünftigen Wichtigkeit	32
3	Ergebnisse der Befragung	35
	3.1 Momentane Verbreitung der Digitalen Personalakte unter den Unternehmen	35
	3.2 Unternehmen, die bereits eine Digitale Personalakte im Einsatz haben	36
	3.2.1 Marktdurchdringung	36
	3.2.2 Ausschlaggebende Faktoren für die Einführung	37
	3.2.3 Geprüfte und gewählte Anbieter	37

	3.2.4	Planungsphase.	39
		Inanspruchnahme von Beratungsleistungen	39
		Geplante Einführungsdauer	39
		Geplante Schulungsdauer	39
		Integration des Systems in Gesamt- bzw. Teilverwaltung	40
		Geplante Kosten	41
		Altdatenübernahme	41
	3.2.5	Implementierung.	42
	3.2.6	Tatsächliche Schulungsdauer	44
	3.2.7	Administration.	44
	3.2.8	Tatsächliche Kosten der Einführung.	45
	3.2.9	Evaluation der Digitalen Personalakte	46
		Beurteilung der Funktionen	46
		Erfüllung der ausschlaggebenden Faktoren	46
		Beurteilung der Digitalen Personalakte	47
		Verbesserungsvorschläge	48
	3.2.10	Charakterisierung der Unternehmen	49
		Branche	49
		Standorte und internationale Tätigkeit	49
		Mitarbeiteranzahl in den Unternehmen	50
	3.2.11	Beurteilung der aktuellen und künftigen Wichtigkeit.	51
	3.2.12	Automatische Dokumentenerzeugung	52
	3.2.13	Mediennutzung und Informationsverhalten der Befragten	52
3.3		Unternehmen, die bereits planen die Digitale Personalakte einzuführen.	53
	3.3.1	Geplanter Zeitpunkt der Einführung	54
	3.3.2	Ausschlaggebende Faktoren für die Einführung	54
	3.3.3	Geprüfte und gewählte Anbieter.	55
	3.3.4	Planungsphase.	56
		Inanspruchnahme von Beratungsleistungen	56
		Geplante Einführungsdauer.	56
		Geplante Schulungsdauer	57
		Integration des Systems in die Gesamt- bzw. Teilverwaltung	58
		Geplante Kosten	58
		Altdatenübernahme	59
	3.3.5	Geplante Implementierungsphase	59
	3.3.6	Geplante Administration.	60
	3.3.7	Erwartungen an die Digitale Personalakte	60
		Beurteilung der Funktionen	61
		Beurteilung der Auswirkungen einer Digitalen Personalakte	62
		Wünsche und Anregungen zur Digitalen Personalakte	62
	3.3.8	Charakterisierung der Unternehmen, die die Digitale Personalakte planen einzusetzen.	63
		Branche	63
		Internationale Tätigkeit und Mitarbeiteranzahl	63

	3.3.9	Beurteilung der aktuellen und zukünftigen Wichtigkeit der Digitalen Personalakte	63
	3.3.10	Automatische Dokumenterzeugung	64
	3.3.11	Mediennutzung und Informationsverhalten der Befragten	64
3.4		Unternehmen, die ohne Ergebnis eine Einführung diskutiert haben	65
	3.4.1	Gründe für die Nichteinführung der Digitalen Personalakte	65
	3.4.2	Bekannte Anbieter der Digitalen Personalakte.	66
	3.4.3	Geplante mögliche Einführung der Digitalen Personalakte	66
	3.4.4	Potentielle ausschlaggebende Faktoren einer Digitalen Personalakte	67
	3.4.5	Geprüfte und favorisierte Anbieter	68
	3.4.6	Erwartete Planungsphase	69
		Inanspruchnahme von Beratungsleistungen	69
		Erwartete Einführungsdauer	70
		Erwartete Schulungsdauer.	70
		Erwartete Integration des Systems in die Gesamt- bzw. Teilverwaltung	71
		Erwartete Kosten	72
		Erwartetes Vorgehen bei der Altdatenübernahme.	72
	3.4.7	Erwartete Implementierungsphase.	73
	3.4.8	Mögliche Administration	73
	3.4.9	Erwartungen an eine Digitale Personalakte	74
		Die wichtigsten Funktionen	74
		Beurteilung potentieller Auswirkungen der Digitalen Personalakte	74
		Gewünschte Funktionalitäten einer Digitalen Personalakte.	75
	3.4.10	Einschätzung der Nutzung	75
	3.4.11	Einschätzung Einsatz geplant	76
	3.4.12	Charakterisierung der Unternehmen, die eine Einführung ohne Ergebnisse diskutiert haben.	77
		Branchenuntergliederungen.	77
		Standorte	77
		Mitarbeiteranzahl in den einzelnen Unternehmen	78
	3.4.13	Aktuelle und zukünftige Wichtigkeit der Digitalen Personalakte.	78
	3.4.14	Automatische Dokumentklassifizierung	79
	3.4.15	Automatische Dokumentenerstellung.	79
	3.4.16	Mediennutzung und Informationsverhalten der Befragten	80
3.5		Unternehmen, die kein Interesse an einer Einführung haben	81
	3.5.1	Gründe gegen die Einführung der Digitalen Personalakte	81
	3.5.2	Bekannte Anbieter	82
	3.5.3	Ausschlaggebende Faktoren für eine potentielle Einführung der Digitalen Personalakte	83
	3.5.4	Mögliches Vorgehen innerhalb der Planungsphase.	83

		Inanspruchnahme von Beratungsleistungen	83
		Mögliche Einführungsdauer	84
		Vorgehen der Implementierung	84
	3.5.5	Wichtigkeit der Funktionen der Digitalen Personalakte	85
	3.5.6	Einschätzungen zu den Auswirkungen einer Digitalen Personalakte...	85
	3.5.7	Charakterisierung der Unternehmen, die kein Interesse an der Einführung einer Digitalen Personalakte haben..................	86
		Branchenverteilung	86
		Positionen der befragten Personen	86
		Standorte der Befragten..................................	87
	3.5.8	Genutzte HR-Systeme	88
	3.5.9	Aktuelle Wichtigkeit der digitalen Personalakte	88
	3.5.10	Zukünftige Wichtigkeit	89
	3.5.11	Aktuelle und zukünftige Nutzung	89
	3.5.12	Mediennutzung und Informationsverhalten	90
	3.5.13	Automatische Dokumentklassifizierung	92
	3.5.14	Automatische Dokumenterzeugung	92

C Zusammenfassung und Ausblick.. 93

D Interview 95

E Autoren 99

F Literaturverzeichnis.. 101

A Einführung und Grundlagen

1 Problemrelevanz

Personal ist für Unternehmen in der heutigen Zeit ein bedeutender Faktor im Hinblick auf den Unternehmenserfolg und einer damit verbundenen nachhaltigen Wettbewerbsfähigkeit am Markt. Um den Herausforderungen unserer wissensorientierten Umwelt gewachsen zu sein, müssen Unternehmen das Potential und die Produktivität ihrer Mitarbeiter maximieren. Ein gut funktionierendes HR-Management wird dadurch speziell in Bezug auf die langfristige, strategische Ausrichtung des Unternehmens immer bedeutsamer. In Deutschland steht im Bereich des Personalmanagements gegenwärtig besonders der prognostizierte Fachkräftemangel, die Sicherstellung der „Zufriedenheit der Mitarbeiter" sowie die Gewährleistung der „Wirtschaftlichkeit personalpolitischer Aufgaben" ([Holt2007]:S.2) im Mittelpunkt.

Die Personalakte ist somit ein elementarer Baustein im Personalwesen. Sie enthält alle wichtigen Informationen über die Mitarbeiter des Unternehmens. Früher verwendeten die Unternehmen häufig eine in Papierform geführte Personalakte. Das Problem dieser Form war, dass man die Informationen über die betreffenden Mitarbeiter nicht sofort parat hatte und erst danach suchen musste. Erfolgreiche Unternehmen optimieren daher heutzutage ihre Prozesse zur Verwaltung von Personalakten und machen diese durch die Implementierung eines integrativen Dokumenten-Management-Systems für das Personalwesen transparent. In vielen regional und global agierenden Unternehmen entwickelt sich heute eine Tendenz hin zur Verwendung digitaler HR-Systeme. Bei der Digitalen Personalakte kann der Arbeitgeber sofort alle relevanten Daten des Personals einsehen, diese jederzeit verwalten und gegebenenfalls sofort anpassen.

Die meisten Einsparungen und Entlastungen werden jedoch erzielt, indem die digitale Personalakte nicht als isoliertes Objekt funktioniert, sondern in alle HR-Prozesse mit eingebunden wird. Neben den fachlichen Anforderungen an die Abbildung der HR-Prozesse sind technologische Vorgaben und eine kontinuierliche Verbesserung der Systeme von großer Bedeutung. **Optimierter Workflow**, eine **richtungsweisende Technologie** sowie ein **außer-gewöhnliches Visualisierungskonzept** sind wichtige Bestandteile und Erfolgsfaktoren für ein funktionierendes Produkt.

Gründe für die Einführung einer elektronischen Personalakte können daher sehr vielfältig sein. **Standortunabhängiger, gleichzeitiger Zugriff, Einsparungen von Lager- und Registraturkosten** sowie eine **qualitative Verbesserung der Personalarbeit** sind nur drei der vielen Vorteile, die die Einführung und Verwendung einer Digitalen Personalakte für den Bereich Human Resources in Zukunft als unumgänglich erscheinen lassen.

Die Integration von Personalmanagement- und Dokumentenmanagement-Systemen **entlastet darüber hinaus das Personal** von einer doppelten Datenpflege und eröffnet autorisierten Führungskräften den direkten Zugriff auf die Personalaktendokumente. Mit der elektronischen Personalakte lassen sich demnach in der Personalverwaltung **Kosten einsparen** und gleichzeitig die **Abläufe effizienter gestalten**.

Personal- und IT-Entscheider sehen sich heute einer immer komplexer und anspruchsvoller werdenden Lösungsvielfalt gegenüber, die eine Vielzahl von Möglichkeiten zulässt und aufgrund enger Budgets ein ziel- und erfolgsorientiertes Handeln vorgibt. Wissen als zentraler Erfolgsfaktor des 21. Jahrhunderts entscheidet daher in zunehmendem Maße über den Erfolg oder Misserfolg von Unternehmen.

Aus wissenschaftlicher Sicht wurde diese Problematik bisher nur in einer Studie von Prof. Mülder, die sich bereits mit dem Thema „Digitale Personalakte" beschäftigt hat, analysiert. Vor eben diesem Hintergrund eines **Defizits an Fachbeiträgen** und **Fachliteratur** sowie **unabhängigen Studien im deutschsprachigen Raum** bezüglich der Nutzung und Verbreitung von Digitalen Personalakten, stellt eine **Produkt-, Konkurrenz- und Marktanalyse** einen zentralen Informationsbaustein dar. Auskünfte zum jeweiligen Unternehmen, Informationen über die Akzeptanz bestehender Systeme sowie Prozessoptimierungsvorschläge sind nur drei der vielen Angaben, die zahlengestützte und kompakte Informationen über Marktvolumen, Marktentwicklung, Trends, Konkurrenten sowie wirtschaftliche Rahmenbedingungen generier-en. **Die Studie** führt auf direktem Wege zu einer **effizienten und konstruktiven Weiter-entwicklung des Produktes** „Digitale Personalakte" und somit zur **Stärkung der Wett-bewerbsfähigkeit am Markt**. Aus den eben genannten Gründen ist die Forschung in diesem Bereich angebracht und notwendig, um ein besseres Verständnis für die Aktivierung und Nutzung des gesamten Potentials der Fähigkeit, zukunftsfähige Innovationen hervorzubringen, zu entwickeln.

Wie sieht dieser Trend jedoch bei Konzernen und Großunternehmen mit verteilten Standorten aus, die aus Kosten-, Ressourcen- und Effizienzgründen auf eine flexible und einfache Bearbeitung von Dokumenten und Personaldaten angewiesen sind?

Die Beantwortung dieser Frage ist Gegenstand der hier vorliegenden ausführlichen Untersuchung.

2 Zweck, Inhalte und rechtliche Grundlagen der Digitalen Personalakte

2.1 Zweck der Digitalen Personalakte

Die Bedeutung des Begriffs „Personalakte" im Groben ist allgemein bekannt. Von großer Bedeutung ist, dass obgleich die erfassten Daten zentral oder dezentral verwaltet werden, der Arbeitnehmer laut § 83 BetrVG zu allen Daten seiner Personalakte Zugang haben soll. Daher ist die Führung von Geheimakten, Nebenakten, etc. nicht zulässig und die Führung etwaiger Sonderakten explizit zu vermerken. Von einer Implementierung einer Digitalen Personalakte erwarten sich die Unternehmen in erster Linie eine durchgängige elektronische Verwaltung. Damit verbunden ist ein standortunabhängiger und zeitgleicher Zugriff auf die jeweiligen Daten, wodurch zahlreiche Auswirkungen auf den Prozessablauf gewährleistet werden sollen.

2.2 Inhalte der Digitalen Personalakte

Aus der heutigen Gesetzgebung bzw. deren Nutzung können folgende Bestandteile der DIPA abgeleitet werden:

- Personenbezogene Angaben (Name, Adresse, Geburtsdatum, etc.)
- Beruflicher Werdegang
- Zeugnisse
- Spezielle Fähigkeiten und Leistungen
- Krankheitszeiten
- Abmahnungen
- Lohn- und Gehaltsänderungen
- Versicherungs- und steuerrechtliche Angaben (Rentenversicherung, Sozialversicherung etc.)

Analog zur Form der Personalakte wird auch hier ein Rahmen durch diverse Gesetze und Richtlinien geschaffen. Im weiteren Verlauf kann zwischen freiwilligen, arbeitsplatzbezogenen und solchen Angaben, die nicht in einer Personalakte enthalten sein dürfen, unterschieden werden.

Zu den freiwilligen Angaben, die nur beantwortet werden müssen, wenn es im Willen des Befragten ist, zählen unter anderem:

- Private Kontaktdaten
- Im Notfall zu benachrichtigende Angehörige
- Ehegatte/ Partner

Arbeitsplatzbezogene Angaben dürfen nur dann erhoben werden, wenn diese einen direkten Bezug zu der auszuübenden Tätigkeit aufweisen und in der Hinsicht auch Relevanz besteht, diese erheben zu dürfen. Darunter fallen:

- Gesundheit und Schwangerschaft
- Gewerkschaftszugehörigkeit
- Fremdsprachen
- Führerschein
- Foto

Ebenso existieren Angaben, die nicht in einer Personalakte enthalten sein dürfen. Wobei es hier auch durchaus Ausnahmen geben kann, wenn äquivalent zu den arbeitsplatzbezogenen Angaben, hier der Bezug zur Tätigkeit vorhanden ist. Im Allgemeinen sind das:

- Eingeleitete Ermittlungsverfahren
- Vorstrafen (Muss beantwortet werden, wenn das Delikt in einem relevanten Bezug zur angestrebten Tätigkeit steht)
- Wehr-/ Ersatzdienst – Dienstgrad

Im Urteil des Bundesarbeitsgerichtes (BAG) vom 07.09.1988 DB 1989, 284 wurde darauf verwiesen, dass Personalakten ein möglichst vollständiges, wahrheitsgemäßes und sorgfältiges Bild über den Werdegang der Arbeitnehmer geben sollen. Somit muss die Personalakte alle Zeugnisse, Bescheinigungen und Vorgänge, die sich auf die persönlichen und dienstlichen Verhältnisse des Arbeitnehmers beziehen, erfassen und zur Verfügung stellen.

2.3 Rechtliche Grundlagen

2.3.1 Bundesdatenschutzgesetz (BDSG)

Im Bundesdatenschutzgesetz wird der Umgang mit personenbezogenen Daten geregelt. Dabei ist es nötig, dass die Daten in Datenverarbeitungsanlagen aus nicht automatisierten Dateien verarbeitet, genutzt oder dafür erhoben werden. Das Bundesdatenschutzgesetz wurde am 20. Dezember 1990 verabschiedet. Zuvor gab es bereits einige ähnliche Gesetze in manchen Ländern (z.B. Hessen 1986).

§ 1 Abs. 1 BDSG besagt: „Zweck dieses Gesetzes ist es, den einzelnen davor zu schützen, dass er durch den Umgang mit seinen personenbezogenen Daten in seinem Persönlichkeitsrecht beeinträchtigt wird." In § 1 Abs. 2 ist geregelt, für wen das BDSG gilt. Da öffentliche Stellen des Bundes (Nr. 1) und Landes (Nr. 2) sowie nicht öffentliche Stellen (Nr. 3) eingeschlossen sind, lässt sich das BDSG sowohl auf alle öffentlichen wie nicht öffentlichen Unternehmen und deren Personalaktenführung beziehen. Damit das Bundesdatenschutzgesetz bei privaten Unternehmen greift, ist eine automatische Verarbeitung der Daten oder die Verarbeitung in oder aus nicht automatischen Dateien nötig (§ 1 Abs. 3 BDSG).

Die Beschaffung von Daten wird im Bundesdatenschutzgesetz als Erhebung bezeichnet (§ 3 Abs. 3). Da davon auszugehen ist, dass erhobene Daten ganz oder teilweise elektronisch verarbeitet werden, ist das Bundesdatenschutzgesetz anzuwenden. Als Verarbeitung personenbezogener Daten versteht § 3 Abs. 4 deren Speicherung, Veränderung, Sperrung und Löschung.

Eingeschränkt wird der Umfang der Daten, die erhoben, verarbeitet und genutzt werden dürfen, durch den § 3a BDSG. Dieser fordert, dass keine Daten bzw. so wenig wie möglich zu erheben sind. Zudem werden in § 3 Abs. 9 BDSG einige Ausnahmen geregelt, für die strenge Voraussetzungen für deren Verwendung bestehen. Genannt werden hier Daten über rassische und ethnische Herkunft, politische Meinungen, religiöse oder philosophische Überzeugungen, Gewerkschaftszugehörigkeit, Gesundheit und Sexualleben.

Der Arbeitgeber darf die personenbezogenen Daten seiner Bewerber verarbeiten und nutzen, da die Speicherung, Veränderung, Übermittlung oder Nutzung personenbezogener Daten als Mittel für die Erfüllung einiger Geschäftszwecke zulässig ist (§ 28 BDSG), insbesondere, wenn ein vertragsähnliches Vertrauensverhältnis mit dem Betroffenen besteht (§ 28 Abs. 1 Nr. 1 BDSG), was im Falle eines Arbeitgeber-Arbeitnehmer-Verhältnisses der Fall ist. Da bereits ein "vertragsähnliches Vertrauensverhältnis" ausreicht, hat der Arbeitgeber auch das Recht, Bewerberdaten zu erheben, zu speichern und zu nutzen. Allerdings ist zu beachten, dass zwischen Speicherung der Daten und Erhebungszweck ein unmittelbarer Zusammenhang bestehen muss (§ 28 Abs. 1 Nr.1). Es dürfen also nicht alle Daten, die einmal erhoben worden sind, für alle Zwecke wieder verwendet werden, auch wenn die erste Speicherung zu einem gültigen Zweck erfolgte. Nicht erlaubt ist zudem die Speicherung von Daten ohne zulässigen Zweck. Daher müssen Daten gelöscht werden, wenn die Speicherung von Anfang an unzulässig war, der ursprüngliche Zweck der Speicherung nicht mehr existiert oder die Richtigkeit der Daten nicht mehr bewiesen werden kann.

§ 34 Abs. 1 BDSG regelt die Einsichtsrechte in die Daten. Der Betroffene darf somit Auskunft verlangen über die zu seiner Person gespeicherten Daten sowie deren Herkunft, den Zweck der Speicherung und die Empfänger und Empfängergruppen der Daten. Der Betroffene hat zudem das Recht, die Entfernung, Berichtigung oder Sperrung unrichtiger und unzulässig gespeicherter Daten zu verlangen.

(§ 35) Ein Sonderfall ist die Verarbeitung von Daten im Auftrag eines anderen Unternehmens. Hierbei ist das beauftragte Unternehmen sorgfältig auszuwählen und schriftlich zu beauftragen. Es müssen Weisungen bezüglich der Nutzung und Verarbeitung der Daten erteilt werden und diese Weisungen müssen auch durch den Auftraggeber kontrolliert werden. (§ 11 Abs. 2 BDSG). Der Auftraggeber ist bei der Datenverarbeitung durch Dritte nach § 11 Abs. 1 BDSG für die Einhaltung der Datenschutzgesetze verantwortlich.

2.3.2 Bertriebsverfassungsgesetz (BetrVG)

Das in seiner jetzigen Form bestehende Gesetz wurde am 14. November 1952 verabschiedet und regelt allgemein das Mitbestimmungsrecht des Arbeitnehmers in betrieblichen Angelegenheiten.

Darüber hinaus regelt es Rechte des Betriebsrates, dessen Wahl und wie dieser den Arbeitnehmer in seinen Rechten unterstützen kann. Von wesentlicher Relevanz für die Personalakte sind die Paragraphen §§ 82, 83 und 84.

§ 82:

„(1) Der Arbeitnehmer hat das Recht, in betrieblichen Angelegenheiten, die seine Person betreffen, … von zuständigen Personen gehört zu werden." Weiterhin hat er die Möglichkeit zu ihn betreffenden Angelegenheiten "… Stellung zu nehmen sowie Vorschläge für die Gestaltung des Arbeitsplatzes und des Arbeitsablaufs zu machen."

(2) Der Arbeitnehmer kann sich „ …die Beurteilung seiner Leistungen sowie die Möglichkeiten seiner beruflichen Entwicklung…" erörtern lassen. Hierbei kann der Arbeitnehmer zur Unterstützung ein Mitglied des Betriebsrates hinzuziehen, das über den Inhalt der Verhandlungen Stillschweigen bewahren muss.

§ 83:

Dieser Paragraph gewährt dem Arbeitnehmer das Recht, im vollen Umfang Einsicht in seine Personalakte nehmen zu können. Ebenfalls kann er hierzu auch ein Mitglied des Betriebsrates hinzuziehen, wobei wiederum die Pflicht auf Stillschweigen für den Betriebsrat besteht. Bei Beanstandung der Akten durch den Arbeitnehmer hat dieser das Recht, Notizen hinzuzufügen.

§ 84:

Dem Arbeitnehmer wird das Recht eingeräumt, sich bei den zuständigen Stellen im Falle ungerechter Behandlung durch andere Arbeitnehmer oder Arbeitgeber zu beschweren. Wieder kann auch hier der Betriebsrat zur Klärung hinzugezogen werden.

Abgeleitet aus den drei beschriebenen Paragraphen lassen sich hieraus verschiedene Anforderungen für die Umsetzung der Digitalen Personalakte ableiten. Zum einen muss die Transparenz der Anwendung, der in ihr enthaltenen Daten und deren Dokumenten gewährleistet sein. So muss der Arbeitgeber nach § 82 alle Daten offen legen und darf somit keine Nebenakten führen. Zum anderen muss die Vertraulichkeit sichergestellt werden. Vertraulichkeit bedeutet, dass die entsprechenden Daten, die innerhalb der elektronischen Personalaktensoftware bearbeitet werden, nur von den Instanzen gelesen und benutzt werden dürfen, die auch über die nötigen Rechte verfügen. Meist wird dies über das eigens implementierte Rechtemanagement abgedeckt.

Die letzten beiden Punkte, die aus dem Betriebsverfassungsgesetz resultieren, sind die Vollständigkeit und Richtigkeit, die mitunter durch die Anwendung garantiert werden soll. Jedoch kann nur der Arbeitgeber selbst seine Daten auf Vollständigkeit sowie Richtigkeit überprüfen. Die DIPA unterstützt ihn hierbei durch sog. Selfservicesysteme, die dem Arbeitnehmer einen zeit- und ortsunabhängigen Zugriff auf seine Daten ermöglichen.

2.3.3   Allgemeines Gleichbehandlungsgesetz (AGG)

Das Allgemeine Gleichbehandlungsgesetz ist am 18. August 2006 in Kraft getreten. Mit diesem Gesetz kommt der deutsche Bund der Verpflichtung nach, die vier europäischen Richtlinien zum Schutz vor Diskriminierung in nationales Recht umzusetzen. Hierbei handelt es sich um:

1. 2000/43/EG: Anwendung des Gleichbehandlungsgrundsatzes ohne Unterschied der Rasse oder der ethnischen Herkunft.
2. 2000/78/EG: Festlegung eines allgemeinen Rahmens für die Verwirklichung der Gleichbehandlung in Beschäftigung und Beruf.

3. 2002/73/EG: Verwirklichung des Grundsatzes der Gleichbehandlung von Männern und Frauen hinsichtlich des Zugangs zur Beschäftigung, zur Berufsbildung und zum beruflichen Aufstieg.
4. 2004/113/EG: Verwirklichung des Grundsatzes der Gleichbehandlung von Männern und Frauen beim Zugang zu und bei der Versorgung mit Gütern und Dienstleistungen.

Das Ziel des Gesetzes ist es Benachteiligungen jeglicher Art, sei es aufgrund von Rasse, Religion, Herkunft, Geschlecht, Weltanschauung, sexueller Identität oder Sonstigem, zu verhindern [§ 1 AAG]. In § 7 wird dies noch weiter spezifiziert. Demnach sind Vereinbarungen, die gegen das Benachteiligungsverbot verstoßen, unwirksam und stellen damit nach § 7 Abs. 3 eine Verletzung der vertraglichen Pflichten dar. Um Ausnahmen gewähren zu können, gibt der Gesetzgeber in § 8 an, wann eine unterschiedliche Behandlung aufgrund beruflicher Anforderungen legitim ist. Wenn die auszuübende Tätigkeit, oder die „…Bedingungen ihrer Ausübung eine wesentliche und entscheidende berufliche Anforderung darstellt…", ist eine unterschiedliche Behandlung zulässig. So ist es beispielsweise durchaus legitim, bei Schaltung einer Anzeige für ein Model für Unterwäsche eine geschlechtsspezifische Anzeige zu erstellen und hierbei gegen die Pflicht der Neutralität von Ausschreibungen zu verstoßen. Auch werden im AAG die Maßnahmen und Pflichten die der Arbeitgeber zu treffen hat, behandelt.

Durch § 12 ist der Arbeitgeber dazu verpflichtet, die erforderlichen Maßnahmen (auch vorbeugend) zum Schutz vor Benachteiligung zu treffen. So soll er auch dementsprechend das Personal auf diesen Umstand hinweisen und Schulungen durchführen. Ebenso wird dem Arbeitgeber hier das Recht eingeräumt Verstöße gegen das AAG, mit Abmahnung, Umsetzung, Versetzung oder sogar Kündigung zu ahnden.

Einen hohen Stellenwert bezüglich des AAG hat die Stellenausschreibung des Unternehmens. Wie bereits erwähnt, darf eine Stellenausschreibung nicht gegen das Benachteiligungsverbot verstoßen. So muss diese mit Vorsicht verfasst und publiziert werden, um etwaige Indizien für eine Diskriminierung im Vorfeld zu unterbinden. Beispiel für ein solches Indiz wäre die Beschränkung der Ausschreibung auf Medien, die sich an ein bestimmtes Geschlecht oder eine bestimmte Altersgruppe richten.

Zusammenfassend lässt sich hier als Konsequenz für die Digitale Personalakte festhalten, dass bei der Personalaktenführung darauf zu achten ist, dass Dokumente keine diskriminierenden Inhalte enthalten oder Indizien dafür liefern könnten, dass ein Verstoß gegen das Benachteiligungsverbot vorliegt bzw. vorgelegen hat. Hieraus lässt sich ableiten, dass Dokumente längeren Aufbewahrungsfristen unterliegen werden, da nun etwaige Verjährungs-fristen beachtet werden müssen, innerhalb derer Ansprüche wegen Diskriminierung geltend gemacht werden könnten.

2.3.4 Bundesbeamtengesetz (BBG)

Das Bundesbeamtengesetz fügt sich als weiteres Gesetz in die Reihe der Gesetze und Richtlinien ein, die den Begriff der Personalakte auffassen. In erster Linie hat das BBG allgemein nur einen indirekten Einfluss auf die Digitale Personalakte, da dieses Gesetz nur für deutsche Beamte Gültigkeit hat und deswegen für die Übrigen eher als Richtlinie zu verstehen ist. Dennoch ist das BBG, im Besonderen § 90, das einzige Dokument, das die Personalakte als solche definiert und näher beschreibt.

§ 90 Abs. 1 definiert die Personalakte, woraus diese besteht und was erhoben werden darf.

„Über jeden Beamten ist eine Personalakte zu führen; sie ist vertraulich zu behandeln und vor unbefugter Einsicht zu schützen. Zur Personalakte gehören alle Unterlagen einschließlich der in Dateien gespeicherten, die den Beamten betreffen, soweit sie mit seinem Dienstverhältnis in einem unmittelbaren inneren Zusammenhang stehen (Personalaktendaten); andere Unterlagen dürfen in die Personalakte nicht aufgenommen werden...."

2.3.5 Urteile

Im folgenden Kapitel werden einige Urteile, die es in Bezug auf Personalakten gegeben hat, dargestellt und kurz beurteilt. Das erste Urteil wurde am 5. Mai 2007 durch das Arbeitsgericht Berlin entschieden. In dem Fall ging es um eine Klage einer Arbeitnehmerin bezüglich der Form ihres Arbeitsvertrags. Dieser lag sowohl in digitaler Form in dem Personalaktensystem ihres Arbeitgebers vor und zusätzlich existiert noch, wie vom Gesetz bei Arbeitsverträgen gefordert, ein schriftlicher Arbeitsvertrag. Dieser lag in doppelter Ausfertigung vor, je ein Exemplar bei dem Arbeitgeber und ein Exemplar bei der Arbeitnehmerin. Da der schriftliche Arbeitsvertrag in Form eines Anschreibens gehalten war und die Klägerin häufig Kopien dieses Vertrags erstellen musste, war schnell unklar, ob es sich bei dem jeweiligen Dokument um ein Original oder eine Kopie handelte. Der Arbeitgeber konnte auf Nachfrage nur noch einen Ausdruck aus dem Personalaktensystem vorweisen, da nach dem Scannen die Papierdokumente vernichtet wurden. Auf Grund der nötigen Papierform von Arbeitsverträgen bekam die Arbeitnehmerin mit ihrer Klage recht, da der Ausdruck aus der Digitalen Personalakte nicht ausreichend für die Papierform ist.

Das zweite Urteil betrifft eine Entscheidung des Landesarbeitsgerichts Sachsen-Anhalt vom 23. Januar 2007. Ein Angestellter hatte gegen seinen Arbeitgeber geklagt, da in seiner in Papierform geführten Personalakte keine fortlaufende Nummerierung der Seiten vorhanden war. Die fortlaufende Nummerierung der Seite wurde von ihm gefordert, um zu gewährleisten, dass einzelne Seiten nicht unbemerkt entnommen oder hinzugefügt werden können. Die Klage wurde abgewiesen, da die Form der Aktenführung im Ermessen des Arbeitgebers liegt und dieser, unter Berücksichtigung der geforderten Vollständigkeit der Personalakte, über die Form selbst entscheiden darf.

In einem weiteren Urteil hat sich das Bundesarbeitsgericht am 12. September 2006 mit der Aufbewahrung von sensiblen Gesundheitsdaten in der Personalakte beschäftigt. Ein Angestellter hatte gegen seinen Arbeitgeber geklagt, da dieser Dokumente bezüglich seiner Alkoholentziehungskur mit in die Personalakte aufgenommen hatte. Der Angestellte arbeitet in einem Bereich mit striktem Alkoholverbot. Er trat eine mehrwöchige Entziehungskur an, ohne seinen Arbeitgeber darüber zu informieren. Erst während der Kur informierte er seinen Arbeitgeber, da er eine Verlängerung der Kur benötigte. Die dabei entstandenen Informationen wurden seiner Personalakte hinzugefügt. Das Gericht entschied, dass solche sensiblen Gesundheitsdaten nicht wie andere Daten auch der Personalakte hinzugefügt werden dürfen, sondern besonderen Schutz genießen und daher in einem getrennten Bereich der Personalakte aufbewahrt werden müssen (z.B. ein verschlossener Umschlag), damit nicht jeder Zugriff auf diese Informationen hat.

Aus dem Urteil 1 K 1235/04 des Verwaltungsgerichts Sigmaringen vom 6. Juni 2005 geht hervor, dass Ausdrucke aus digitalen Personalakten durchaus anerkannt werden. Das Urteil selbst hat mit Digitalen Personalakten keinen Zusammenhang, allerdings wurden in dem Gerichtsverfahren vom Beklagten Ausdrucke aus der Digitalen Personalakte vorgelegt, welche von dem Gericht anerkannt wurden.

Generell lässt sich die Form der Personalakte in die physische und digitale Repräsentationsform unterteilen. Als Vertreter der physischen Repräsentationsform existieren die rein konventionelle Form der Ablage, also die uns geläufige Papierform, und die archivierte Form, bei der die Akten systematisch in einem Archivsystem integriert vorliegen.

Das Pendant, die digitale Repräsentationsform, liegt in rein digitaler Form vor, wobei dies mit der Einbindung in ein Dokumentenmanagementsystem verbunden ist, um die Suche nach gewünschten Dokumenten zu erleichtern.

Des Weiteren besteht die Möglichkeit der Integration in ein Personal-Informationssystem, das die Daten voll automatisiert verarbeitet und somit vollständig in den Workflow des Unternehmens eingebunden ist.

3 Entwicklungen innerhalb des Personalmanagements

Die Aufgaben des Personalmanagements sind vielseitig und sehen sich ständig auftretenden Veränderungen ausgesetzt. Dies führte dazu, dass sich zu Beginn der 1980er-Jahre ein Paradigmenwechsel innerhalb dieses Unternehmensbereiches ([Holt2007]: S.2) vollzog, dessen Grundlage in einem Wertewandel der Gesellschaft ([Lohm2008]: S.9) zu sehen ist. Die Folgen dieser Entwicklungen führten zu einer Verlagerung der Schwerpunkte im Bereich des Personalwesens. So wird das Personalmanagement gegenwärtig nicht mehr von rein administrativen Aufgaben bestimmt, sondern in Deutschland vor allem von dem prognostizierten Fachkräftemangel, der Sicherstellung der „Zufriedenheit der Mitarbeiter" sowie der Gewährleistung der „Wirtschaftlichkeit personalpolitischer Aufgaben" ([Holt2007]:S.2) dominiert.

Dieser steigenden strategischen Bedeutung des Personalmanagements wurde mit organisatorischen Veränderungen der Personalabteilungen Rechnung getragen ([Holt2007]: S.2, [Lohm2008]: S.9 f.). Dies führte auch zu steigenden Anforderungen an die Software, da von dieser nun auch die Unterstützung dispositiver personalrelevanter Prozesse erwartet wurde.

Diese Entwicklungen veranlassten Mulder 2000 zur These, dass die IT-Durchdringung (der Personalabteilungen) stark zunehmen wird. Ob diese Behauptung auch für den Markt der Software im Bereich der Personalverwaltung in Form einer Digitalen Personalakte zutrifft, versucht diese Studie mittels wissenschaftlicher Methoden zu beantworten. Zur Darstellung des Marktes der Digitalen Personalakte werden zunächst bisherige wissenschaftliche Arbeiten zur IT-Unterstützung im Personalmanagement erörtert.

Die Durchdringung der Personalabteilungen mittels moderner Informationstechnologie nahm ihren Anfang zu Beginn der 1970er-Jahre. Aufgrund des verbesserten Preis-Leistungsverhältnisses, wurden zu diesem Zeitpunkt die Personalabteilungen mit Großrechnersystemen ([Kili1981]: S.2, [Hopp1993]: S.50) ausgestattet. Diese Systeme wurden in den 1970er-Jahren weiterentwickelt, jedoch mit dem Siegeszug der Personalcomputer sukzessive verdrängt. Die in Abbildung 1 dargestellte Historie zeigt, dass die IT-Unterstützung in den Personalabteilungen mit Einzellösungen für bestimmte Prozesse begann und sich mit zunehmender Interaktion zu vernetzten Systemen, die alle anfallenden Prozesse unterstützen, weiter entwickelte.

Aktuell stehen vor allem die sog. Employee Self Services (ESS) im Fokus des Personalmanagements, da durch diese administrative Prozesse von der Personalabteilung auf den jeweiligen Mitarbeiter übertragen werden und somit weitere Optimierungspotenziale im HR-Bereich gesehen werden. Des Weiteren wurden im vergangenen Jahr von der DGFP erste Ergebnisse zum Einsatz von Web 2.0 Technologien innerhalb des Personalmanagements veröffentlicht ([Lohm2008]: S.17 f.).[1]

---

1. http://www1.dgfp.com/dgfp/data/pages/DGFP_e.V/Produkte__Dienstleistungen/Veroeffentlichungen/PraxisPapiere/web/WEB_2-0_PM.pdf

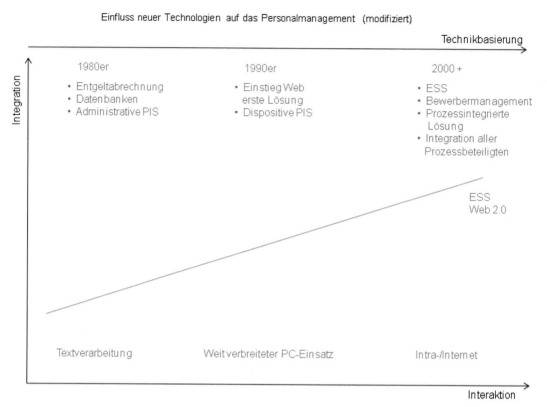

Mit Beginn der IT-Implementierung wurden die Aktivitäten von wissenschaftlicher Seite begleitet. Die erste breit angelegte Studie zum Thema „Personalinformationssysteme in deutschen Großunternehmen" skizzierte die Ergebnisse von Befragungen 220 (181 Rückläufer) deutscher Großunternehmen im Zeitraum von 1976 bis 1978. Zu diesem Zeitpunkt waren lediglich bei 67 Unternehmen (37 Prozent) Personalinformationssysteme implementiert bzw. wurde der Aufbau eines solchen Systems geplant ([Kili1981]: S.1, 15), so dass in Bezug auf die Personalaktenführung die Applikationen lediglich für die Fortschreibung der Personalstamm-blätter verwendet wurden (85,1 Prozent).

Eine 1987/88 von Prof. Scholz ([Scho1991]: S.11 f.) durchgeführte Studie zur Nutzung des Personalcomputers im Personalbereich (n=138) kam zu dem Ergebnis, dass zu diesem Zeitpunkt 49Prozent der befragten Unternehmen innerhalb der Personalabteilung noch keine PCs im Einsatz hatten. Als Gründe wurden von den Probanden die von Kilian bereits genannten vorhandenen Großrechnersysteme sowie eine externe Vergabe der EDV-Aufgaben angeführt.

Diejenigen, die zu diesem Zeitpunkt bereits über einen PC verfügten, nutzten am häufigsten Anwendungen zur Erstellung von Statistiken, zur Abwicklung der Korrespondenz und der Lohn- und Gehaltsabrechnung, sowie zur Personalverwaltung. Zudem gaben zwei Drittel der Befragten an, dass sie über keine vernetzten PCs verfügen und Daten mittels Datenträger (Diskette) von einem auf den anderen Rechner übermitteln. Lediglich ein Drittel der Befragten war zu diesem Zeitpunkt in Besitz eines vernetzten Personalcomputers.

Jedoch wurden von Scholz keine Äußerungen in Bezug auf eine digitale Personaldaten-verwaltung vorgenommen, so dass für die 1980er-Jahre keine Aussagen über die Nutzung von Digitalen Personalakten getroffen werden können.

Im Jahr 1992 ging Hoppe in seiner empirischen Untersuchung „Organisation und DV-Unterstützung der Personalwirtschaft" am Beispiel einer Forschungseinrichtung auf die Mikroverfilmung der Personaldaten ein. Basierend auf schriftlichen und mündlichen Befragungen ([Hopp1993]: S.1) der Angestellten hat er folgende Nachteile ([Hopp1993]: S. 48) bei der aktiven Verfilmung der Personaldaten herausgearbeitet:

- Lange Transportzeiten, da Diazos (Abzüge auf Mikrofilm) angefordert werden müssen
- Umständliches und wenig komfortables Recherchieren auf den Diazos
- Keine online Bearbeitung möglich
- Mehrfaches Erfassen von Daten wegen Medienbrüchen
- Auf speziellen Sichtgeräten abgerufene Daten müssen über Tastatur in DV-Systeme eingegeben werden

Zur Lösung dieser Nachteile schlägt Hoppe eine Abspeicherung der Daten in einem Personalinformationssystem vor. Diese Systeme wurden 1997 in schweizerischen Unternehmen zu 82 Prozent (n=229) ([Müld2000]: S.99) genutzt, so dass die IT-Durchdringung der Personalabteilungen im Vergleich zum Jahr 1988 stark zugenommen hat. In Bezug auf die digitale Personaldatenverwaltung kam eine 2001 vom Beratungsinstitut BUS durchgeführte Studie jedoch zu dem Ergebnis, dass die Digitale Personalakte in diesem Jahr lediglich von vier Prozent der Befragten genutzt wird ([Schö2001]). In den darauffolgenden Jahren wurden von wissenschaftlicher Seite vor allem nicht repräsentative Studien zur Akzeptanz der Digitalen Personalakte veröffentlicht, bspw. Metze und Lenz 2003. Im Jahr 2006 wiesen die Autoren der Reihe „Arbeit und Arbeitsrecht" auf die Potenziale Digitaler Personalakten sowohl für Groß-unternehmen als auch für den Mittelstand explizit hin.

Gleichzeitig kamen sie jedoch zu dem Schluss, dass diese Applikationen vorwiegend bei größeren Unternehmen eingesetzt werden.

Die Darstellungen haben gezeigt, dass sich die IT-Unterstützung innerhalb des Personalmanagements stetig weiterentwickelt. In Bezug auf eine wissenschaftliche Aufbereitung der Entwicklungen innerhalb der digitalen Personalaktenführung wurden bisher wenige Arbeiten veröffentlicht. Im Jahr 2007 wurde eine Studie von Prof. Mülder verfasst, die sich den technischen Aspekten dieser Thematik widmet. Eine genaue Untersuchung über den momentanen Einsatz dieser Technologie sowie zu aktuellen Trends und Potenzialen, die durch den Einsatz entstehen, sind bislang im deutschsprachigen Raum nicht bekannt, so dass diese Arbeit die Untersuchung folgender Fragestellungen verfolgt:

1. Welche Anbieter dominieren den Markt der Digitalen Personalakte?
2. Für wie wichtig erachten die Unternehmen diese Technologie aktuell und in Zukunft?
3. Wie weit ist die Technologie in den Unternehmen bereits verbreitet?
4. Ab wann hat die Marktdurchdringung dieser Technologie unter den Befragten eingesetzt?
5. Welche Faktoren sind für Unternehmen ausschlaggebend für eine Einführung einer DIPA?

6. Inwieweit haben sich die Erwartungen im Alltag umsetzen lassen?
7. Welche Funktionen sind den Unternehmen besonders wichtig?
8. Wie gestaltet sich die Planungs- und Implementierungsphase?
9. Wie hoch waren die Aufwendungen, die mit einer Implementierung verbunden waren?
10. In wie vielen Schulungstagen wurde die Technologie den Personalmitarbeitern vermittelt?
11. Wie gestaltet sich die Altdatenübernahme der vorhandenen Papierakten?
12. Welche Auswirkungen sind mit der Einführung einer DIPA verbunden?
13. Welche Entwicklungen bzw. zusätzlichen Funktionen sehen die Befragten?

B Empirische Untersuchung

1 Design der Untersuchung

1.1 Angesprochene Zielgruppe der Befragung

Die Studie richtete sich in erster Linie an Personalverantwortliche mit Entscheidungs-befugnissen in deutschen Unternehmen. Als Selektionskriterium wurde neben dem erzielten Jahresumsatz (> 50 Mio.€) auch die Mitarbeiteranzahl (> 2500) der jeweiligen Unternehmen herangezogen. Nach einer umfangreichen Sammlung von Kontaktdaten aus bekannten Unternehmensverzeichnissen, die den vorgegebenen Kriterien entsprachen, wurden 2014 Personalspezialisten per Mail angeschrieben.

1.2 Methode der Erhebung

Zur Durchführung der Datenerhebung wurde die quantitative Befragung aus Kosten- und Effizienzgründen so gestaltet, dass die eingeladenen Probanden ort- und zeitunabhängig über das Internet auf den Fragebogen zugreifen konnten. Dazu entwarf das Team eine personalisierte Online-Umfrage, die ausschließlich über den in der Einladungsemail eingefügten Link zugänglich war. Während des Zeitraumes von 30.06. bis 31.10.2008 war der Fragebogen für die eingeladenen Probanden zugänglich. Nach zweimaliger Erinnerung (sowohl telefonisch als auch per Email) konnte mit einer Rücklaufquote von 24,58 Prozent eine angemessene Rate erzielt werden. Dem gegenüber steht jedoch eine Beendigungsquote von 11,27 Prozent, so dass insgesamt 227 Teilnehmer die Fragen vollständig beantworteten. Folglich brachen bedauerlicherweise 268 Interessenten die Befragung vorzeitig ab. Die Auswertung zeigte vor allem eine hohe Abbruchrate auf der ersten Seite der Online-Umfrage von insgesamt 232, d.h. weitere 36 Personen beendeten die Befragung verfrüht im weiteren Verlauf. So dass aufgrund der relativ hohen Beendigungsquote die Studie als repräsentativ erachtet wird.

2 State of the art

2.1 Beschreibung des Fragebogens

Der Fragebogen wurde in sechs unterschiedliche Inhalte untergliedert. Im ersten Teil wurden allgemeine Daten zu dem jeweiligen Unternehmen, bspw. Branche und verwendetes HR-System, erhoben. Der erste Teil der Befragung schloss mit der Filter Frage nach der Verwendung einer DIPA ab und leitete die Befragten in die Teile 2 bis 5. In diesen Teilen wurden die Beantwortenden entsprechend der getätigten Antwort in vier unterschiedliche Stränge, die im Kap. 3 beschrieben werden, geleitet. Unter den Strängen werden im Folgenden verstanden:

- Die DIPA wurde bereits eingeführt (Strang 1)
- Einführung der DIPA ist geplant (Strang 2)

- Einführung der DIPA wurde ohne Ergebnis diskutiert (Strang 3)
- Kein Interesse an einer Einführung einer DIPA (Strang 4)

Im sechsten Teil der Befragung wurden Daten zu möglichen Trends, zu dem Informations-verhalten und wichtigen Veranstaltungen in Bezug auf das Personalmanagement erhoben.

2.1.1 Erarbeitung des Fragebogens

Ausgangspunkt der Erarbeitung war eine ausführliche Analyse der Literatur zum Thema Digitale Personalakte. Basierend auf den Ergebnissen wurde die Umfrage in die vier Stränge geteilt sowie die Fragen in den einzelnen Strängen erarbeitet. Dabei wurden insbesondere folgende Themengebiete zur Untersuchung herangezogen.

Einführung einer digitalen Personalakte

Der Literatur folgend, sind für die Einführung der Digitalen Personalakte umfangreiche Vorarbeiten notwendig ([Gren1999]: S.137). Jedoch scheint mittlerweile auch für kleine und mittelständische Unternehmen eine kostengünstige Umsetzung der elektronischen Personalakte realisierbar ([Fran2000]: S.3). Die größte Hürde bei der Einführung beruht laut Literatur nicht auf technischen Komplikationen. Oft stellen sich Betriebsrat und Rechtsabteilung quer, wenn Unternehmen die elektronische Personalakte einführen wollen ([Gert2007]). Auf praktischer Ebene wird für die Einführung der elektronischen Personalakte die Form des Projektes empfohlen ([o.V.2006]).

Themenbereich Einführung

Bereich	Kernaussagen	Häufigkeit
Einführung	Für die Einführung der Personalakte sind umfangreiche Vorarbeiten notwendig	4
	Mittlerweile ist auch für kleine und mittelständische Unternehmen eine kostengünstige Umsetzung der Digitalen Personalakten realisierbar	1
	Technische Komplikationen sind nicht die größte Hürde, die gemeistert werden muss. Oft stellen sich Betriebsrat und Rechtsabteilung quer, wenn Unternehmen die Digitalen Personalakte einführen wollen.	1
	Die Einführung einer Digitalen Personalakte erfolgt am besten in Form eines Projektes	1

Verbreitung und Einsatz

Gemäß der Literatur, stellt die Digitale Personalakte das zentrale Anwendungsszenario von Dokumentenmanagementsystemen im Personalmanagement dar ([Stro2008]: S.89). Dabei scheinen die technischen Voraussetzungen für die Führung von Personalakten allein auf elektronischem Wege durchaus gegeben ([Klas2005]: S.174, [o.V.2006]). Dennoch bleibt, der Literatur folgend, die komplette Personalaktenverwaltung über elektronische Medien in der Praxis immer noch eine Ausnahmeerscheinung ([Klas2005]: S.174). Jedoch ist in letzter Zeit ein deutlich wachsender Verbreitungsgrad von Systemen zur elektronischen Personalaktenführung zu verzeichnen ([Klas2005]: S.174, [Jung2006]: S.665, [Stro2008]: S.90).

Themenbereich Verbreitung

Bereich	Kernaussagen	Häufigkeit
Verbreitung/Einsatz	In letzter Zeit ist ein deutlich wachsender Verbreitungsgrad von Systemen zu elektronischen Personalaktenführung zu verzeichnen	11
	Die technischen Voraussetzungen für die Führung von Personalakten allein auf elektronischem Wege sind durchaus gegeben	2
	Die komplette Personalaktenverwaltung über elektronische Medien ist in der Praxis immer noch eine Ausnahmeerscheinung	1
	Die Digitale Personalakte stellt das zentrale Anwendungsszenario von Dokumentenmanagementsystemen im Personalmanagement dar.	1

Nutzen der Digitalen Personalakte

Der Nutzen der Digitalen Personalakte besteht laut Literatur in der Einsparung von Zeit ([AbMü2004]: S.209), Papier ([ScGu2003]: S.289) und Kosten ([Stro2008]: S.90, [KrOt2006]: S.82). Es können aber auch Einsparungen von Archivraum realisiert werden ([ScGu2003]: S.289). Beliebig viele Parallelzugriffe ([Stro2008]: S.90, [o.V.2008]), dezentraler Zugriff auf zentral geführte Akten ([NoKö2004]: S.354) und ein besseres Zurechtfinden der Anwender in der standardisierten Dokumentenstruktur ([Stro2008]: S.90), stellen weitere Nutzen der Digitalen Personalakte dar. Darüber hinaus wird die Vollständigkeit und Aktualität erhöht ([Schu2006]), die Prozesssicherheit sowie der Zugriffsschutz verbessert ([ScGu2003]: S.289) und die Vernichtung von Dokumenten mit Verfallsdatum nach einem vorgegebenen Zeitraum ermöglicht ([ScGu2003]: S.289).

Themenbereich Nutzung

Bereich	Kernaussagen	Häufigkeit
Nutzen	Zeiteinsparungen (Such- und Wegezeiten)	23
	Besserer Zugriffsschutz/Erhöhung der Prozesssicherheit	17
	Dezentraler Zugriff auf zentral geführte Akten	15
	Kosteneinsparungen	12
	Reduktion der Archivraummenge	12
	Ermöglichung beliebig vieler Parallelzugriffe	12
	Verbesserung der Vollständigkeit und Aktualität	7
	Einsparungen von Papier	6
	Anwender finden sich in der standardisierten Dokumentenstruktur besser zurecht	2
	Vernichtung von Dokumenten mit Verfallsdatum nach einem vorgegebenen Zeitraum	2

Rechtliche Angelegenheiten

Der Begriff der Personalakte ist wie bereits dargestellt gesetzlich nicht definiert. Dem Arbeitgeber ist es grundsätzlich selbst überlassen, welche Unterlagen er in die Personalakte aufnimmt. Sie müssen jedoch im Zusammenhang mit dem Arbeitsverhältnis stehen ([Bach2007]: S.154, [Klas2005]: S.174). Es ergeben sich aber möglicherweise Probleme mit der so genannten "Beweisqualität" digitaler Dokumente. Entsprechend sollten nur Originale, für die der Gesetzgeber nicht ausdrücklich auf der Schriftform besteht, nach der Digitalisierung endgültig vernichtet werden ([Gert2007], [Schu2006]). Die Digitale Personalakte ist so aufzubewahren, dass Unbefugte keinen Zugriff erhalten oder Einblick nehmen können ([Bach2007]: S.155). Sensible Daten, zu denen insbesondere auch solche über den körperlichen, geistigen und seelischen Gesundheitszustand gehören, bedürfen des verstärkten Schutzes ([Klas2005]: S.175, [Schu2006]). Arbeitnehmer sind berechtigt jederzeit auch ohne besonderen Anlass Einsicht in ihre Personalakte zu nehmen sowie Abschriften und Fotokopien daraus zu fertigen ([Witt2007]: S.144, [Drum2008]: S.117). Ohne Zustimmung des Arbeitnehmers hat der Betriebsrat kein Recht auf die Einsicht in die Personalakte ([NoKö2004]: S.355). Bei der Einführung einer Digitalen Personalakte ist eine Vorabkontrolle durchzuführen. Dabei wird sichergestellt, dass lediglich akzeptable und beherrschbare Risiken durch das Dokumentenmanagementsystem der Personalabteilung bestehen ([Witt2007]: S.145, [o.V.2007]).

Themenbereich rechtliche Angelegenheiten

Bereich	Kernaussagen	Häufigkeit
Recht	Arbeitnehmer sind berechtigt jederzeit auch ohne besonderen Anlass Einsicht in ihre Personalakte zu nehmen sowie Abschriften und Fotokopien daraus zu fertigen	10
	Es ergeben sich möglicherweise Probleme mit der so genannten „Beweisqualität" digitaler Dokumente. Entsprechend sollten nur Originale, für die der Gesetzgeber nicht ausdrücklich auf der Schriftform besteht, nach der Digitalisierung endgültig vernichtet werden	5
	Die Digitale Personalakte ist so aufzubewahren, dass Unbefugte keinen Zugriff erhalten oder Einblick nehmen können	5
	Ohne Zustimmung des Arbeitnehmers hat der Betriebsrat kein Recht auf die Einsicht in die Digitale Personalakte	5
	Der Begriff der Personalakte ist gesetzlich nicht definiert. Dem Arbeitgeber ist es grundsätzlich selbst überlassen, welche Unterlagen er in die Personalakte aufnimmt. Die Unterlagen müssen jedoch im Zusammenhang mit dem Arbeitsverhältnis stehen.	5
	Sensible Daten, zu denen insbesondere auch solche über den körperlichen, geistigen und seelischen Gesundheitszustand gehören, bedürfen des verstärkten Schutzes	2
	Bei der Einführung einer Digitalen Personalakte ist eine Vorabkontrolle durchzuführen. Dabei wird sichergestellt, dass lediglich akzeptable und beherrschende Risiken durch das Dokumentenmanagementsystem der Personalabteilungen bestehen.	2

2.1.2 Überblick über die Fragen

Insgesamt wurden 85 Fragen online gestellt. Im ersten Teil wurden allen Teilnehmern elf Fragen gestellt. Die Anzahl in den einzelnen Teilen variiert je nach Strang (Strang 1: 22, Strang 2: 18, Strang 3: 19, Strang 4: 12). Im Teil sechs standen abschließend fünf Fragen zur Auswahl, die wieder von allen Probanden beantwortet werden konnten. Je nach Fragentyp konnten einfache, mehrfache oder offene Antworten gegeben werden. Abhängig vom Typ wurde in der Konzipierung des Fragebogens festgelegt, welche Fragen zwingend von dem Probanden zu beantworten sind.

2.2 Teilnehmer der Studie

2.2.1 Bekleidete Positionen

Entsprechend der festgelegten Zielgruppe und der persönlichen Ansprache des jeweiligen Personalverantwortlichen verfügten über 50 Prozent der Befragten über eine Entscheidungs-befugnis für personalrelevante Bereiche.

Am zweit häufigsten konnten Personalsachbearbeiter als Teilnehmer identifiziert werden. Neben diesen beiden Mitarbeiterpositionen wurden die Fragen von Personalreferenten und Assistenten beantwortet.

2.2.2 Anzahl der beschäftigten Mitarbeiter weltweit

Die erste Frage beschäftigte sich mit der Anzahl der weltweit angestellten Mitarbeiter und wurde von insgesamt 495 der 2014 eingeladenen Personen aufgerufen.

Die Abbildung verdeutlicht die Kategorisierung der 260 offen gegebenen Antworten. Mit 52,67 Prozent sind bei über der Hälfte der befragten deutschen Unternehmen mehr als 3.000 Mitarbeiter angestellt. Die restlichen 47,33 Prozent verteilen sich mit 17,18 Prozent auf die zweite, mit 20,23 Prozent auf die dritte und mit 9,92 Prozent auf die vierte Kategorie.

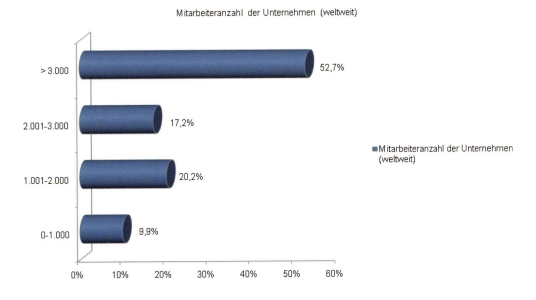

2.2.3 Branchenverteilung der Unternehmen

Im Anschluss nahmen die Personalverantwortlichen eine Zuordnung des jeweiligen Unternehmens zu zehn vorgegebenen Branchen vor. Dabei zeigt sich mit über einem Drittel der teilnehmenden Unternehmen die starke Gewichtung der industriellen Unternehmen, gefolgt von den Sektoren „Dienstleistung", „Handel" und „Finanz & Versicherung" mit 17,55 Prozent, 11,26 Prozent bzw. 9,6 Prozent. Mit weniger als 10 Prozent sind die Branchen „Öffentlicher Dienst", „Transport & Logistik", „EDV & Technik", „Medien" sowie „Verbände" weniger stark in dieser empirischen Untersuchung vertreten. Der Rubrik „Sonstiges" ordneten sich über 13 Prozent der Unternehmen zu. Eine zusätzliche Spezifizierung dieser Antwort nahmen 39 der Befragten vor:

- Gesundheit: 10 Nennungen
- Energie: 6 Nennungen
- Pharma und Chemie: 5 Nennungen

Jeweils 1 Nennung: Sozialer Bildungsträger, Telekommunikation, Versorgung, Zeiterfassungssystem, Entsorgung, Ernährung, Forschung, Gastronomie, Gewerkschaft, Grundstoffe, Jugendhilfe, Lebensmittel, Consumer Goods/Sports, Nahrungsmittelindustrie und -handel, Steinkohlenbergbau, Kunststoffverarbeitung, Bau, Bergbausanierung.

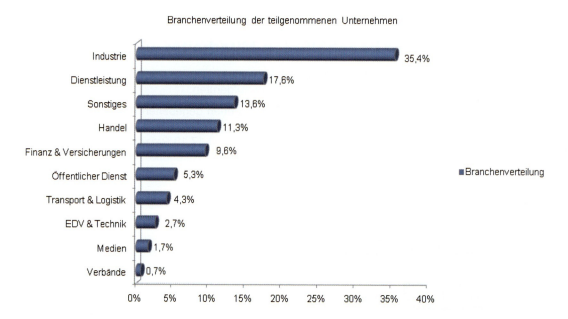

2.2.4 Standorte und internationale Tätigkeit

Der größte Teil der Unternehmen (58,8 Prozent) ist an „1 – 10" Standorten in Deutschland tätig. Dem gegenüber stehen 15,4 Prozent der befragten Unternehmen, die an mehr als 50 Standorten im Inland vertreten sind. Weitere ca. 13 Prozent ordneten sich den Intervallen „11 – 20" und „21 – 50" zu.

Anzahl der Standorte

		Häufigkeit	Gültige Prozente
Gültig	1 bis 10	153	58,8 %
	11 bis 20	33	12,7 %
	21 bis 50	34	13,1 %
	> 50	40	15,4 %
Gesamt		260	100,0 %

Im Hinblick auf die internationale Ausrichtung der Unternehmen lässt sich feststellen, dass 63 Prozent der Unternehmen die nationale Begrenzung aufgegeben haben. Dementsprechend beschränken sich die restlichen 37 Prozent auf den innerdeutschen Markt.

Internationale Tätigkeit der Unternehmen

		Häufigkeit	Gültige Prozente
Gültig	Ja	167	63,0 %
	Nein	98	37,0 %
Gesamt		265	100,0 %

2.2.5 Bekanntheit der Anbieter

Um einen Überblick über die Bekanntheit der Angebote der Digitalen Personalakte zu gewinnen, wurden den Befragten fünfzehn Antwortmöglichkeiten vorgegeben. Von den anfänglich begonnenen 495 Probanden antworteten 259 in Bezug auf die Bekanntheit der vorgeschlagenen Angebote (Mehrfachantworten möglich).

Deutlich geht aus der Abbildung auf Seite 32 die Dominanz des SAP Produktes „Record Management" mit 49 Prozent an Nennungen hervor. Mit einem Anteil von über 33 Prozent ist die „Digitale Personalakte" der aconso AG ebenfalls unter den Befragten stark bekannt. Die Produkte „perbit.views" und „Lexware Mitarbeiter" sind mit 18,92 Prozent bzw. 17,37 Prozent durchschnittlich vertraut. Als weniger geläufig zeigten sich unter den Befragten die Angebote „BRZ-Archiv", „bebit", „elo", „Digital Storage Solutions", „Softgarden", „Sis", „epharmexx" und „Arcplace". Mit mehr als 26 Prozent wurden „Sonstige" Hersteller genannt, von den zusätzlich spezifizierten Antworten konnte dabei folgende Zuordnung identifiziert werden:

- Siemens IT-Services: 6 Nennungen
- Jeweils 5 Nennungen: P&I und Easy Archiv
- Jeweils 4 Nennungen: Persis, IXOS, ADP-Archiv
- Jeweils 3 Nennungen: XFT, Nextevolution, Dokuware, BASF IT-Services

- Jeweils 2 Nennungen: Saperion, Paisy, Open Text, elsag
- Jeweils 1 Nennung: DATEV, TDS, Scanpoint, OS5, optimal systems, HP, Henrichsen, Dokumentum, D3 und Breitenbach.

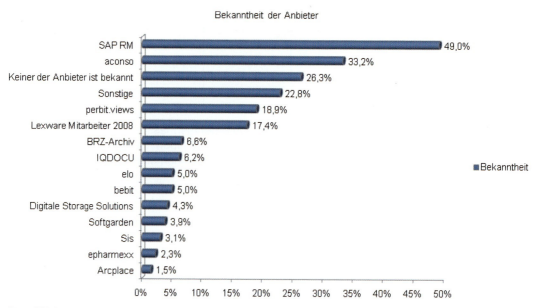

Des Weiteren ist ersichtlich, dass 22,78 Prozent der Befragten keine der vorgeschlagenen Angebote kennen.

2.2.6 Beurteilung der aktuellen und zukünftigen Wichtigkeit

Eine Einschätzung in Hinsicht auf die aktuelle und zukünftige Wichtigkeit der elektronischen Personaldatenverwaltung wurde ebenfalls erfragt.

Dabei wurde diese Technologie aktuell mit einem Prozentwert von knapp 70 Prozent von über zwei Drittel der Befragten als wichtig eingestuft. Vergleicht man die aktuelle mit der zukünftigen Wichtigkeit ist davon auszugehen, dass die Digitale Personalakte laut den Einschätzungen der Befragten in Zukunft wichtiger werden wird.

Beurteilung der aktuellen Wichtigkeit

		Häufigkeit	Gültige Prozente
Gültig	Aktuell wichtig	181	69,9 %
	Neutral	64	24,7 %
	Unwichtig	14	5,4 %
Gesamt		259	100,0 %

Beurteilung der zukünftigen Wichtigkeit

		Häufigkeit	Gültige Prozente
Gültig	Aktuell wichtig	220	84,9 %
	Neutral	33	12,7 %
	Unwichtig	6	2,4 %
Gesamt		259	100,0 %

3 Ergebnisse der Befragung

3.1 Momentane Verbreitung der Digitalen Personalakte unter den Unternehmen

Die Frage 1.11 ist für den weiteren Verlauf der Befragung von entscheidender Bedeutung. Zum einen wurden die Befragten entsprechend der getätigten Antwort in die bereits beschriebenen vier unterschiedlichen Stränge, die in den folgenden Kapiteln aufbereitet werden, geleitet. Zum anderen gibt die Auswertung Aufschluss über die momentane Verbreitung der elektronischen Personaldatenverwaltung in den befragten Unternehmen. Es gaben 259 Probanden diesbezüglich eine Antwort.

Die Aufbereitung der Ergebnisse zeigt die in etwa gleiche Verteilung auf die vier vorgegebenen Antwortmöglichkeiten. Aggregiert man die ersten beiden, zeigt sich, dass sich knapp über 50 Prozent der befragten Unternehmen bereits für eine Digitalen Personalakte entschieden haben bzw. planen die Digitale Personalakte innerhalb eines bestimmten Zeitraums einzuführen. Dem gegenüber steht ein Anteil von 28,96 Prozent der Unternehmen, die sich bereits mit der Thematik der Digitalen Personalakte beschäftigt haben, sich aber aus bestimmten Gründen, gegen die Einführung entschieden haben. Weitere 20,46 Prozent gaben an, keine Digitale Personalakte zu nutzen und sich mit der Thematik auch noch nicht befasst zu haben.

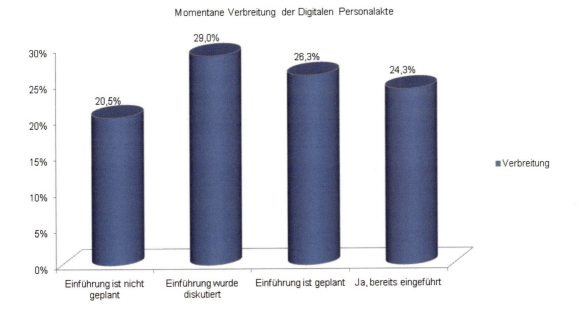

3.2 Unternehmen, die bereits eine Digitale Personalakte im Einsatz haben

Der Strang eins (Ja, Digitale Personalakte bereits im Einsatz) wurde entsprechend der Filterfrage von 56 bis 60 Personen beantwortet. Der Fragebogen hat ergeben, dass über die Hälfte der Probanden leitende Positionen im Personalbereich der jeweiligen Unternehmen inne haben. Die andere Hälfte setzt sich aus Assistenten und Personalreferenten sowie zu einem geringen Anteil aus Sachbearbeitern zusammen.

3.2.1 Marktdurchdringung

Zur Beantwortung der Frage, ab welchem Zeitraum die Technologie Einzug in den Unternehmensalltag gehalten hat, wurde zu Beginn des Frageblocks eruiert, in welchem Jahr die Implementierung der Digitalen Personalakte vorgenommen wurde. Wie der folgenden Abbildung zu entnehmen ist, wurde die Digitale Personalakte von der Mehrheit nach der Jahrtausendwende eingeführt. Vor der Jahrtausendwende fand die Technologie relativ wenig Akzeptanz. Zudem ist festzustellen, dass die Anzahl der Installationen in den vergangen drei Jahren stark angestiegen ist.

Insofern setzte die Marktdurchdringung der Digitalen Personalakte im Jahr 2000 ein und wird sich in den folgenden Jahren vermutlich weiter positiv entwickeln.

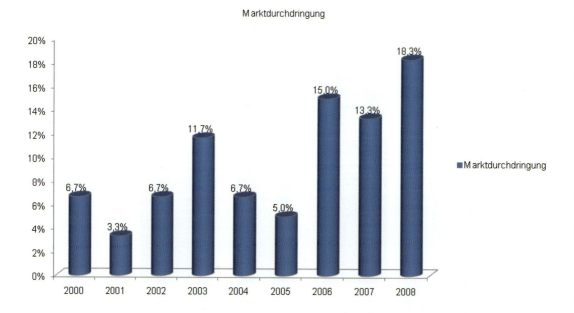

3.2.2 Ausschlaggebende Faktoren für die Einführung

Nach der Bestimmung des zeitlichen Horizonts der Einführung, wurden in der darauffolgenden Frage mittels einer Likert-Skala die Beweggründe für diese Entscheidung untersucht. Die Antwortmöglichkeiten „sehr stark" und „stark" wurden dabei aggregiert zu „positiver Einfluss". Als wichtigste Pro-Argumente (vgl. Abbildung „Entscheidende Faktoren") für eine Einführung der Technologie konnten folgende Überlegungen identifiziert werden:

- Schaffen von effizienteren Abläufen innerhalb der Personalabteilung (89,66 Prozent)
- Gewährleistung eines standortunabhängigen, gleichzeitigen Zugriffs auf die Personaldaten (86,67 Prozent)

Der Abbildung ist zudem zu entnehmen, dass rein quantitative Faktoren einen relativ geringen Einfluss auf die Pro-Entscheidung haben. Generelle Kosteneinsparungen sowie Einsparungen durch geringere Lager- und Registraturkosten wurden lediglich von 51,72 Prozent bzw. 62,07 Prozent der Befragten als ausschlaggebende Gründe genannt, so dass die Entscheidung für eine Digitale Personalakte laut den Meinungen der Antwortenden vor allem von qualitativen Kriterien abhängig gemacht wurde.

3.2.3 Geprüfte und gewählte Anbieter

Um einen Überblick über die Akzeptanz der unterschiedlichen Angebote zu erhalten, wurde ermittelt, welche Anbieter in der Entscheidungsfindung einer Prüfung unterzogen wurden und für welches Angebot man sich dann tatsächlich entschied. Die Personalverantwortlichen konnten bei dieser Frage mehrere Optionen wählen.

Die Antwortmöglichkeiten „bebit", „BRZ" und „Softgarden" wurden dabei von keinem gewählt. Unter den Antworten haben sich vielmehr zwei Angebote als dominierend herauskristallisiert: SAP Records Management und die Digitale Personalakte der aconso AG.

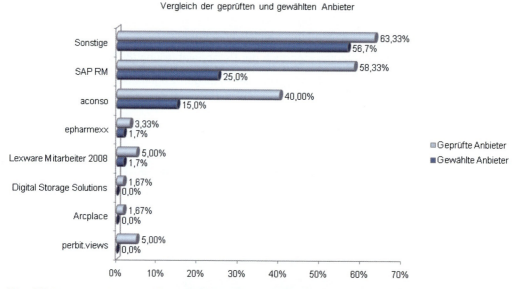

Des Weiteren wurden von über 50 Prozent „sonstige" Angebote geprüft und eingeführt. Wurde diese Antwortmöglichkeit gewählt, konnte der geprüfte bzw. gewählte Anbieter angegeben werden. Folgende Nennungen wurden bei den geprüften Anbietern getätigt:

- Eigenentwicklungen (4 Nennungen)
- Siemens IT-Dienstleistungen (4 Nennungen)
- Paisy Archiv (4 Nennungen)
- IXOS (3 Nennungen)
- Easy Archiv (2 Nennungen)

Bei der Frage nach den gewählten Anbietern wurden folgende Antworten angegeben:

- Eigenentwicklungen (5 Nennungen)
- Easy Archiv (5 Nennungen)
- Paisy Archiv (4 Nennungen)
- Siemens IT-Dienstleistungen (2 Nennungen)
- IXOS (2 Nennungen)
- Sonstige: Dokuware, Dokumentum, optimal Systems, ELO, DATEV

Aus der Abbildung kann zudem entnommen werden, dass die Angebote der Walldorfer und Münchner zwar relativ häufig einer Prüfung unterzogen wurden, man sich aber letztendlich für andere Angebote entschied.

3.2.4 Planungsphase

3.2.4.1 Inanspruchnahme von Beratungsleistungen

Ein entscheidender Faktor bei der Einführung von IT-Systemen stellen Beratungsleistungen für das jeweilige Unternehmen dar. 84,70 Prozent gaben an, Beratungsleistungen in Anspruch genommen zu haben. Dabei griffen 15,40 Prozent ausschließlich auf interne sowie 35,60 Prozent ausschließlich auf externe Experten zurück. Ein Drittel der Befragten zeigte sich sowohl an internen als auch externen Beratungsleistungen interessiert.

3.2.4.2 Geplante Einführungsdauer

Über den Umfang der geplanten Einführungsdauer gibt die Abbildung „Geplante Einführungsdauer" Aufschluss. Knapp über die Hälfte (52,55 Prozent) erklärte, die Einführung innerhalb von sechs Monaten realisieren zu wollen, 27,11 Prozent rechneten mit 7 bis 12 Monaten. Mit einer mehr als einjährigen Einführungszeit planten 20,34 Prozent der Befragten. Ob die intendierte Dauer auch tatsächlich eingehalten werden konnte, wird in einem späteren Kapitel dargestellt.

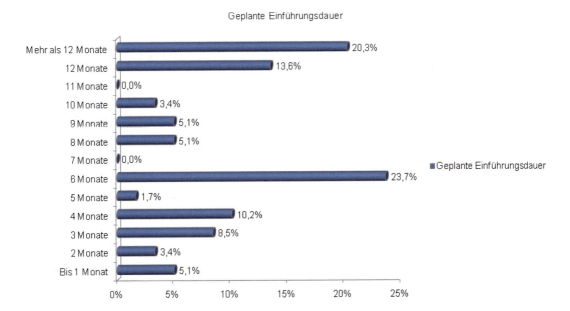

3.2.4.3 Geplante Schulungsdauer

Ein weiterer Aspekt, der bei der Einführung von IT-Systemen zu berücksichtigen ist, sind Schulungsmaßnahmen für die betroffenen Mitarbeiter. Hinsichtlich der Schulungsdauer zeigt die Studie eine klare Tendenz. Über 80 Prozent nannten einen Zeitraum von 1 – 3 Tagen als Maßstab für Schulungsmaßnahmen. Lediglich 10,24 Prozent gaben an keine Schulungen geplant zu haben. Folglich wurden von knapp 90 Prozent der Studienteilnehmer Schulungs-leistungen für die Personalmitarbeiter in der Planungsphase berücksichtigt.

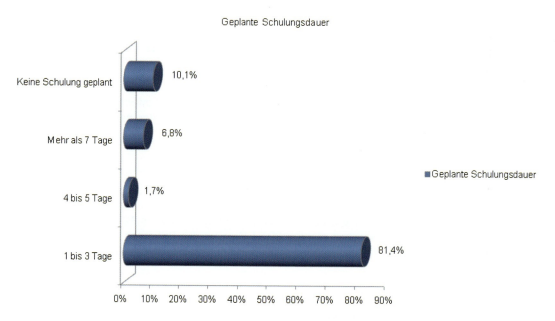

3.2.4.4 Integration des Systems in Gesamt- bzw. Teilverwaltung

Einen entscheidenden Einfluss auf die Implementierungsdauer üben vor allem vorhandene IT-Systeme und die Reichweite der Einführung aus. Deshalb wurde untersucht, welches HR-System momentan von der Personalabteilung genutzt wird und ob die Digitale Personalakte in die Gesamtverwaltung oder in Teilbereiche implementiert wurde. Die Digitale Personalakte wurde innerhalb dieses Strangs sowohl von 50 Prozent in die betriebliche Gesamtverwaltung als auch zu knapp 50 Prozent in die Verwaltung von betrieblichen Teilbereichen integriert.

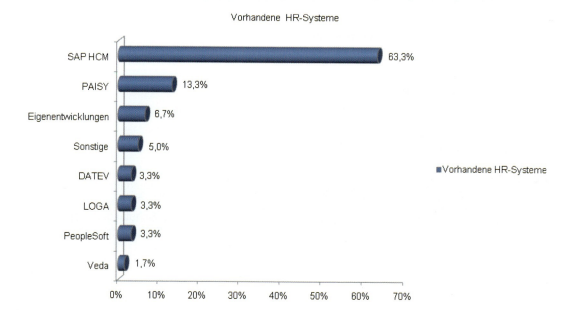

In Bezug auf die vorhandenen HR-Systeme zeigt sich in diesem Strang erneut die Dominanz des Walldorfer HR-Produkts mit über 60 Prozent. Daneben werden auch Angebote anderer Firmen in der Personalabteilung eingesetzt. Das wichtigste Angebot neben dem der SAP AG stellt das Produkt Paisy der Firma TDS dar. Weniger verbreitet sind die Produkte der Veda GmbH, P&I AG, Oracle AG (ehemals PeopleSoft) sowie der DATEV eG. Unter der Rubrik „Sonstige" wurden einmalige Nennungen zusammengefasst.

3.2.4.5 Geplante Kosten

Die Aufbereitung der Planungsphase schließt mit einer Quantifizierung der erwarteten Leistungen ab, die für die gesamte Implementierung angesetzt wurden. Jedoch gaben lediglich 31 von 59 Befragten eine Antwort in Bezug auf die offen abgefragten geplanten Kosten ab.

Der Abbildung „Geplante Kosten" kann aber entnommen werden, dass über die Hälfte der Befragten mit Kosten bis zu 100 T€ für die Implementierung der Digitalen Personalakte rechneten. Weitere 28 Prozent gaben einen Bereich von bis zu 300 T€ an. 16 Prozent rechneten mit Ausgaben von mehr als 300 T€.

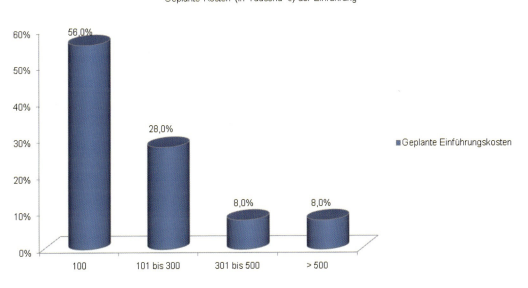

Geplante Kosten (in Tausend €) der Einführung

3.2.4.6 Altdatenübernahme

Ein entscheidender Faktor für die Digitale Personalakte stellt die elektronische Verwaltung aller Personalakten dar. Dies betrifft auch die bereits vorhandenen Papierakten. Insofern müssen bei jeder Neuinstallation die bestehenden Akten digitalisiert werden. Um Aussagen über das Vorgehen treffen zu können, wurde gefragt, ob die Altdatenübernahme intern oder extern vorgenommen wurde und ob diesbezüglich Probleme auftraten.

Von den insgesamt 59 Antworten ließen 51,72 Prozent die vorhandenen Akten vollständig von externen Dienstleistern in eine digitale Form überführen. 36,21 Prozent griffen hierfür auf interne Dienstleister zurück, 12,07 Prozent nahmen sowohl interne als auch externe Leistungen in Anspruch.

Altdatenübernahme intern und extern

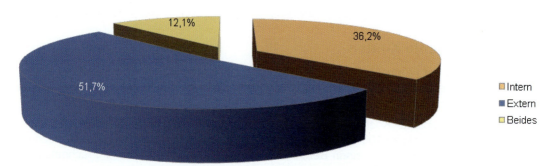

Angesprochen auf eventuelle Probleme während der Altdatenübernahme antworteten mehr als zwei Drittel mit „nein", jedoch traten bei knapp einem Drittel diesbezüglich Komplikationen auf. Die offen abgegebenen Antworten für aufgetretene Probleme (18) wurden den drei Kategorien „Indizierungsprobleme", „Zeitprobleme" sowie „Kompatibilitätsprobleme" zugewiesen. Im Folgenden werden ausgewählte Äußerungen tabellarisch dargestellt.

Probleme bei der Altdatenübernahme

Indizierungsprobleme	Zeitprobleme	Kompatibilitätsprobleme
Korrekte Indizierung ließ zu wünschen übrig	Das Einscannen der Altakten dauert zu lange	Übertragung der Daten ins System
Inhalte konnten zum Teil nur unindiziert ins System übernommen werden	Hoher Zeitaufwand	Falsches Format wurde geliefert
Keine Indizierung vom Dienstleister, diese erfolgte durch die Personalsachbearbeiter im Haus	Manueller Aufwand zur Aufarbeitung der Altakten war sehr hoch	Die IT-Programme, die einen Abgleich herstellen zwischen Out- und Input waren nicht immer fehlerfrei
Ausgetretene hatten keine Personalnummer		
Indices falsch gesetzt	Aufwand für Umsortierung der Altakten war höher als geplant	

3.2.5 Implementierung

Die Auswertung der Frage „wird die Implementierung intern oder extern vorgenommen", ergab folgende Verteilung: Sowohl 40,68 Prozent gaben an, diese intern oder extern installiert zu haben, bei 18,64 Prozent erfolgte dies sowohl intern als auch extern.

In Bezug auf generelle Probleme während der Einführung antworteten knapp 70 Prozent mit „nein". Die von den 30 Prozent geäußerten allgemeinen Probleme weisen Redundanzen zu den dargestellten Äußerungen hinsichtlich der Probleme bei der Altdatenübernahme auf und werden deshalb nicht gesondert dargestellt. Zusätzlich wurden jedoch folgende Komplikationen genannt:

- Keine Rechtssichere Zertifizierung des zugrundeliegenden Digitalisierungsverfahrens
- Die Dokumentenversendung aus SAP über Lotus Notes funktionierte anfänglich nicht
- Aufwendige Koordination der unterschiedlichen Bedürfnisse der Standorte
- Keine Rückverfolgung P-Aktenausgabe und Erhalt der entsprechenden Datei
- Darstellung des Berechtigungskonzeptes ist schwierig
- Schwierige Implementierung des Systems
- Schnittstellenproblematik der Hard- und Software
- Sortierfunktion innerhalb der Akte (chronologisch) hat anfänglich nicht funktioniert

Darüber hinaus wurde im Strang eins untersucht, ob sich die geplanten Überlegungen tatsächlich realisieren ließen und welche Erfahrungen mit der Digitalen Personalakte im operativen Betrieb gesammelt werden konnten.

Einleitend greift die nächste Abbildung die geplante Integrationsdauer auf und stellt diese der tatsächlichen Dauer gegenüber. Dabei konnte insbesondere festgestellt werden, dass bei einer geplanten sechsmonatigen Implementierungsdauer die höchsten Abweichungen auftraten. Die Digitale Personalakte konnte lediglich von 8,47 Prozent innerhalb von sechs Monaten in dem jeweiligen Unternehmen implementiert werden. Außerdem hat die Implementierung bei 28,81 Prozent tatsächlich mehr als zwölf Monate in Anspruch genommen. Insofern konnten dreiviertel der Befragten die Installation innerhalb eines Jahres realisieren.

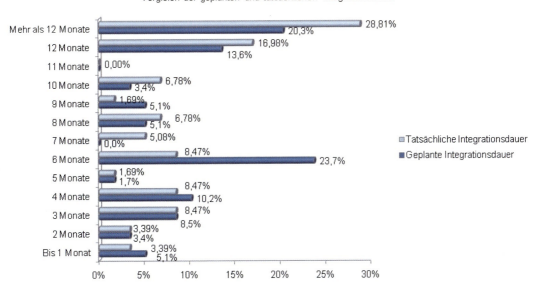

3.2.6 Tatsächliche Schulungsdauer

Bezüglich des tatsächlichen Schulungsaufwandes kann der geplante Horizont nahezu bestätigt werden. Die angesetzten Schulungstage von 1 – 3 Tage pro Mitarbeiter der Personalabteilung wurden von 79,31 Prozent eingehalten. Bei 12,07 Prozent der Befragten wurden die Mitarbeiter mehr als 3 Tage geschult, 8,62 Prozent führten hingegen keine Schulungen durch.

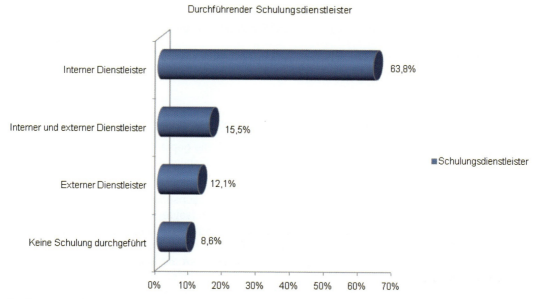

In Bezug auf den durchführenden Dienstleister entschieden sich 63,79 Prozent für interne Experten. Dem gegenüber steht ein Anteil von 12,07 Prozent, die externe Spezialisten für die Trainingsmaßnahmen beauftragten. Die Ausprägung „interne und externe Dienstleister" wählten 15,52 Prozent. Weitere 8,62 Prozent gaben an, keine Schulungen durchgeführt zu haben.

3.2.7 Administration

Viele Anbieter von Digitalen Personalakten bieten den Kunden Zusatzleistungen, bspw. Administration, an. Zur Beurteilung der Akzeptanz dieser Services wurde gefragt, ob die Digitale Personalakte innerhalb des Unternehmens administriert wird oder diese Tätigkeit auf die Dienstleister verlagert wurde. Die überwiegende Mehrheit (79,66 Prozent) der Personalverantwortlichen gab diesbezüglich an, die Administration des IT-Systems inhouse selbst durchzuführen. Lediglich 8,47 Prozent verlagerten diese Tätigkeit vollständig auf externe Dienstleister. 11,86 Prozent vertrauen die Verwaltung des Systems teilweise den Service-Providern an.

Administration der Digitalen Personalakte

3.2.8 Tatsächliche Kosten der Einführung

Bei dem Vergleich der geplanten und tatsächlich eingetretenen Kosten für die Implementierung weisen alle vier Balken in der folgenden Abbildung geringfügige Veränderungen auf. Insofern ist anzunehmen, dass die geplanten Kosten nahezu eingehalten werden konnten. Vor allem die Kosten von „bis zu 100 T€" weisen eine positive Veränderung auf, so dass sich 60 Prozent der Befragten im Bereich der 100 T€ bewegten. Knapp ein Viertel musste jedoch Aufwendungen im Bereich von 101 – 300 T€ für die Implementierung der Digitalen Personalakte entrichten. Bei über 23 Prozent der Unternehmen überstiegen die Aufwendungen den Betrag von 300 T€. Es wurden jedoch von keinem der Befragten mehr als 650 T€ für die Einführung einer Digitalen Personalakte investiert.

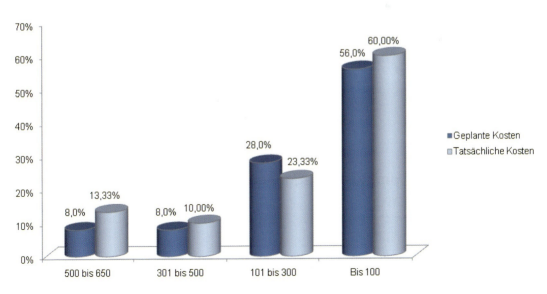

3.2.9 Evaluation der Digitalen Personalakte

Nachdem in diesem Strang alle Befragten die Digitale Personalakte bereits im Einsatz haben, werden abschließend die gemachten Erfahrungen mit der elektronischen Datenverwaltung aufbereitet. Im Folgenden werden zunächst die Funktionen der Digitalen Personalakte in Bezug auf die Wichtigkeit, die ausschlaggebenden Faktoren sowie deren Erfüllung skizziert sowie eine allgemeine Beurteilung der Digitalen Personalakte dargestellt.

3.2.9.1 Beurteilung der Funktionen

Die als wichtigste beurteilte Funktionen des Systems stellen nach Einschätzung der bereits mit der Technologie vertrauten Befragten das „Scannen" und die „Rechteverwaltung" dar. Mit einem Wert von ca. 82 Prozent wurden die „Schnittstelle zu dem (vorhandenen) HR-System" und das „Indizieren" ebenfalls als wichtige Funktionen eingeschätzt. Als weniger wichtig stellten sich die Funktionen „Verschlüsselung", „Webbasiert" und die „Schnittstelle zu Office-Software" heraus.

Prozentual weniger bedeutend ist laut Meinung der Befragten die „Versionsverwaltung" der gespeicherten Dokumente.

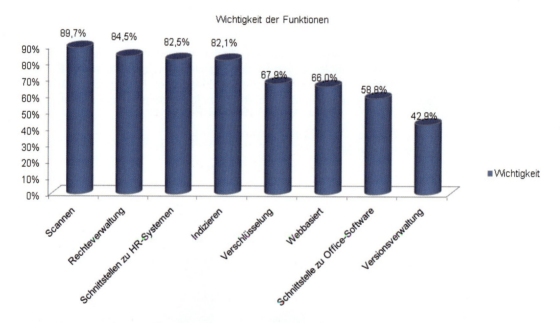

3.2.9.2 Erfüllung der ausschlaggebenden Faktoren

In der Abbildung „Vergleich der ausschlaggebenden Faktoren" wurden die ausschlaggebenden Faktoren mit den tatsächlich eingetretenen Erfahrungen verglichen. Diese wurden wiederum mittels einer Likert-Skala abgefragt.

Zunächst kann festgestellt werden, dass der „standortunabhängige, gleichzeitige Zugriff" auf die Personaldokumente und die angestrebten „Einsparungen von Lager- und Registraturkosten" nahezu vollständig im operativen Einsatz umgesetzt werden konnten.

In Bezug auf die quantitativen allgemeinen Kosteneinsparungen zeigt sich jedoch eine klare Differenz zwischen den Erwartungen (51,72 Prozent) und den tatsächlich eingetretenen Einsparungen (33,9 Prozent), so dass bei über 17 Prozent die erwarteten Effekte nicht vollständig realisiert werden konnten.

Außerdem haben sich Diskrepanzen in den qualitativen Faktoren, die im Folgenden aufgeführt werden, gezeigt. So konnten die Abläufe aufgrund der Einführung einer Digitalen Personalakte bei über 21 Prozent nicht im erwarteten Ausmaß effizienter gestaltet werden. Eine ähnliche Tendenz kann auch bei der angestrebten „Entlastung des Personals" und der „Optimierung des Workflows" gezeichnet werden. Hier ließen sich die erwarteten Effekte bei über 22 Prozent bzw. über 15 Prozent nicht vollständig umsetzen.

Trotz dieser negativen Tendenzen zwischen den geplanten und den tatsächlich eingetretenen Effekten ist darauf hinzuweisen, dass die Digitale Personalakte bei über zwei Drittel der Befragten eine „qualitative Verbesserung der Personalarbeit" bewirkte, wenngleich sich hier auch eine negative Abweichung von über 7 Prozent gegenüber der geplanten Entlastung einstellte.

3.2.9.3 Beurteilung der Digitalen Personalakte

Wie der nächsten Abbildung zu entnehmen ist, liegen laut den Beurteilungen die Qualitäten des Systems vor allem in einer verbesserten Zugriffskontrolle, einer effizienteren Aktenverwaltung, in einer hohen Zufriedenheit des Systems unter den Mitarbeitern und in einer schnelleren Verfügbarkeit der gespeicherten Dokumente.

Entsprechend der hohen Zufriedenheit unter den Mitarbeitern ist das neue IT-System auch innerhalb der Personalabteilung mit 75 Prozent stark akzeptiert. Mehr als zwei Drittel würdigten die Auswirkungen des Systems auch durch vereinfachte und schnellere Arbeitsabläufe sowie mit einer hohen allgemeinen Benutzerfreundlichkeit.

Weniger Zustimmung fanden die Aussagen „Ein Einspielen der vorhandenen Personalakten (in Papierform) ist mit hohen finanziellen und personellen Aufwand verbunden" sowie „Der Einsatz einer Digitale Personalakte verbessert die Vollständigkeit der Personalakten".

41 Prozent beurteilen die geschilderten Probleme und Aufwände, die mit der Altdatenübernahme einhergehen, als angemessen.

Die für die Einführung anfallenden Kosten werden lediglich von 37,5 Prozent als zu hoch eingestuft. Folglich beurteilen 72,5 Prozent die dargestellten tatsächlichen Kosten der Einführung als gerechtfertigt.

Den Fragen, ob die Digitale Personalakte zu einem Stellenabbau innerhalb der Personalabteilung führt und dass zusätzliche Mitarbeiter benötigt werden, die sich um die Administration der Digitalen Personalakte kümmern, stimmten jeweils 12,5 Prozent der Befragten zu.

3.2.9.4 Verbesserungsvorschläge

Abschließend konnten die Befragten Verbesserungsvorschläge für das System nennen. Es gingen dabei insgesamt 43 Antworten ein. Folgende Vorschläge wurden häufiger genannt:

- Digitale Signatur
- Dokumentenvorschau
- Verbesserte Suchfunktionen innerhalb der Dokumente
- Automatische (Massen)Verarbeitung von Dokumenten

3.2.10 Charakterisierung der Unternehmen

Die Unternehmen, die bereits eine Digitale Personalakte im Einsatz haben, werden im Folgenden anhand der Branche, der Anzahl der Mitarbeiter, der Anzahl der Standorte und der internationalen Ausrichtung näher charakterisiert.

3.2.10.1 Branche

Strang eins wird mit 38,1 Prozent bei 63 Nennungen auch von den Industrieunternehmen dominiert. Bei den weiteren Sektoren, die mit mehr als 10 Prozent relativ stark vertreten sind, handelt es sich um Unternehmen des Dienstleistungssektors, Handels- sowie Finanz- und Versicherungsunternehmen. Der Abbildung „Branchenverteilung der Unternehmen" ist zudem zu entnehmen, dass die mit 3,2 Prozent bzw. 1,6 Prozent genannten Branchen innerhalb der dargestellten Auswertung weniger stark vertreten sind. Unter der Rubrik „Sonstige" wurden nicht abgefragte Branchen zusammengefasst. Bei den getätigten Angaben wurden die „Energieversorger", „Chemie" jeweils drei- bzw. zweimal genannt. Einmalig wurden die Branchen Gesundheitswesen, Gastronomie, Steinkohlebergbau, Telekommunikation, Grundstoffe und Ernährung angeführt.

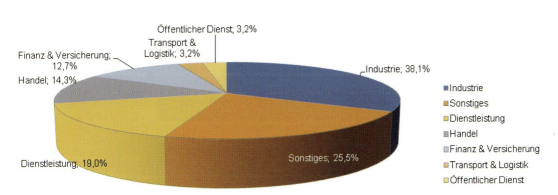

3.2.10.2 Standorte und internationale Tätigkeit

Die Frage nach der Anzahl der in Deutschland vorhandenen Standorte wurde von 63 Probanden beantwortet, jedoch stellten sich 5 Antworten als ungültig heraus.

Die Aufbereitung der offen abgefragten Daten erfolgte in drei Intervallen und wurde in der folgenden Abbildung skizziert. Das Gros der in Deutschland zu verwaltenden Standorte liegt im Bereich zwischen 1 bis 10. Die Antwortwortmöglichkeit „1" wurde dabei nur achtmalig genannt. Weitere 15,5 Prozent der befragten Unternehmen verfügen in Deutschland über 11 – 20 Standorte. Die restlichen 27,6 Prozent müssen Mitarbeiter an über 20 Standorten in Deutschland disponieren.

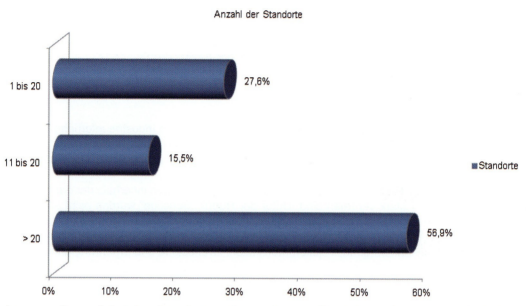

Angesprochen auf die internationale Ausrichtung des jeweiligen Unternehmens kann der Tabelle entnommen werden, dass 71,4 Prozent außerhalb Deutschlands tätig sind. 28,6 Prozent der befragten Unternehmen beschränken sich in ihrer Geschäftstätigkeit auf den Binnenmarkt.

Internationale Tätigkeit der Unternehmen

		Häufigkeit	Gültige Prozente
Gültig	Ja	45	71,4 %
	Nein	18	28,6 %
Gesamt		63	100,0 %

3.2.10.3 Mitarbeiteranzahl in den Unternehmen

Die Auswertung der Antworten wie viele Mitarbeiterdatensätze mittels einer Digitalen Personalakte von den Unternehmen verwaltet werden, veranschaulicht die nächste Abbildung. Die Mehrheit der Unternehmen (55,6 Prozent), die eine Digitale Personalakte einsetzt, beschäftigt mehr als 3000 Mitarbeiter. Knapp ein Drittel verwaltet in der Personalabteilung 1000 – 3000 Mitarbeiterdatensätze. Demgegenüber stehen 4,8 Prozent der Unternehmen mit weniger als 1000 Mitarbeitern, die bereits eine Digitale Personalakte zur elektronischen Datenverwaltung einsetzen.

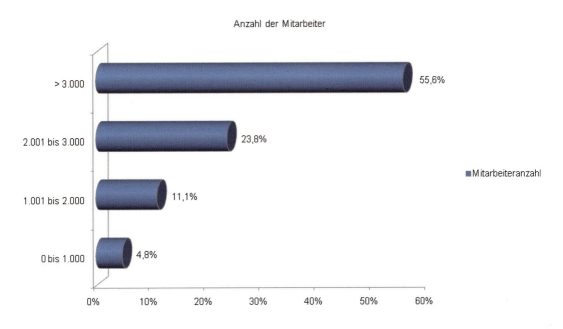

3.2.11 Beurteilung der aktuellen und künftigen Wichtigkeit

Um Aussagen über die künftige Entwicklung der elektronischen Personaldatenverwaltung treffen zu können, wurde von den Befragten eine Einschätzung bezüglich der aktuellen und künftigen Wichtigkeit der Digitalen Personalakte abgegeben. Die Antwortmöglichkeiten „sehr wichtig" und „wichtig" wurden dabei kumuliert zu „aktuell" bzw. „zukünftig wichtig".

Beurteilung der aktuellen und künftigen Wichtigkeit der Digitalen Personalakte

		Häufigkeit	Gültige Prozente
Gültig	Aktuell wichtig	60	95,2 %
	Zukünftig wichtig	63	100,0 %
Gesamt		63	100,0 %

Aus der Tabelle ergibt sich ein sehr eindeutiges Resultat in den Meinungen der 63 Befragten, die bereits Erfahrungen mit dieser Technologie gesammelt haben. Über 95 Prozent weisen auf die aktuelle Wichtigkeit der Technologie hin. In Hinsicht auf die zukünftige Wichtigkeit dieser Technologie konnte eine 100-prozentige Zustimmung festgestellt werden, so dass vermutlich die Akzeptanz des Systems weiter zunehmen wird.

3.2.12 Automatische Dokumentenerzeugung

Zur Identifikation von weiteren Funktionen für die Digitale Personalakte wurden abschließend die Fragen nach dem Vorhandensein einer Applikation zur automatischen Dokumentenerzeugung bzw. -klassifikation ausgewertet. Innerhalb des Stranges eins gaben dabei 10,9 Prozent an über eine Software zur automatischen Dokumentenklassifikation zu verfügen. Eine automatische Dokumentenerstellung (bspw. Arbeitsverträge) ist mit 30,2 Prozent weiter verbreitet.

In Bezug auf eine bevorstehende Einführung dieser Software konnte mit 21,8 Prozent (Dokumentenklassifikation) bzw. 30,9 Prozent (Dokumentenerstellung) eine weitere Zunahme dieser Tools identifiziert werden.

3.2.13 Mediennutzung und Informationsverhalten der Befragten

Bezüglich der allgemeinen Mediennutzung der Befragten geht mit 92,70 Prozent das Internet als das am häufigsten genutzte Medium der 55 Antworten hervor. Die folgende Abbildung verdeutlicht ebenfalls die starke Nutzung der allgemeinen Tageszeitung sowie von Fachzeitschriften. Mit mehr als 50 Prozent werden auch passive Medien wie Radio und Fernsehen häufig genutzt. Weniger genutzt werden dagegen Messen und Kongresse sowie sonstige Medien.

Ein ähnliches Bild zeigt die Abbildung hinsichtlich des Informationsverhaltens im Personalmanagement auf. Neben dem Internet zeigt sich zudem eine häufigere Nutzung von fachspezifischen Zeitschriften. Außerdem informieren sich die Personalverantwortlichen über berufliche Themen häufig bei Beratern sowie Kollegen. Als weniger wichtig wurden personalspezifische Messen identifiziert. Bei der Frage nach „wichtigen Veranstaltungen" gingen mit mehreren Nennungen die Veranstaltungen der DGFP hervor.

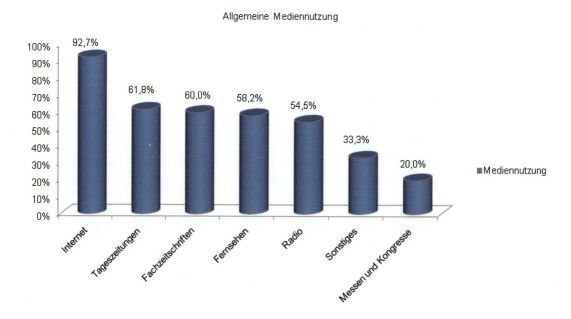

Ergebnisse der Befragung

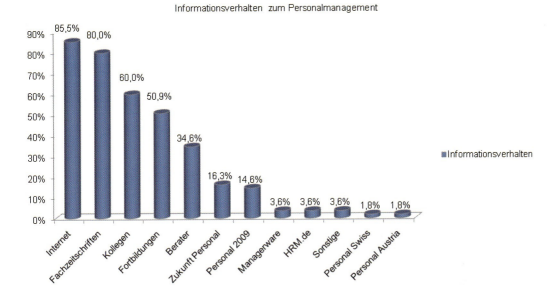

Informationsverhalten zum Personalmanagement

3.3 Unternehmen, die bereits planen die Digitale Personalakte einzuführen

Mit einem Anteil von 26,4 Prozent ist der Anteil derjenigen Befragten, die die Digitale Personalakte noch nicht eingeführt haben, dieses aber bereits planen, die zweitgrößte Gruppe der Befragten. Aus der Marketingperspektive ist diese Gruppe insofern besonders relevant, als dass sie von der grundsätzlichen Notwendigkeit eines Einsatzes der Digitalen Personalakte bereits überzeugt ist. Einen konkreten Anbieter aber unter Umständen noch nicht gewählt hat.

Einsatz der Digitalen Personalakte

		Häufigkeit	Prozent	Gültige Prozente
Gültig	Ja	64	21,2 %	24,8 %
	Nein, Einführung ist geplant	68	22,5 %	26,4 %
	Nein, wurde aber diskutiert	75	24,8 %	29,1 %
	Nein	51	16,9 %	19,8 %
	Gesamt	258	85,4 %	100,00 %
Fehlend		44	14,6 %	
Gesamt		302	100,00 %	

3.3.1 Geplanter Zeitpunkt der Einführung

Wie in der folgenden Abbildung deutlich wird, wollen über 85 Prozent der Befragten die DIPA noch in den Jahren 2008 oder 2009 einführen.

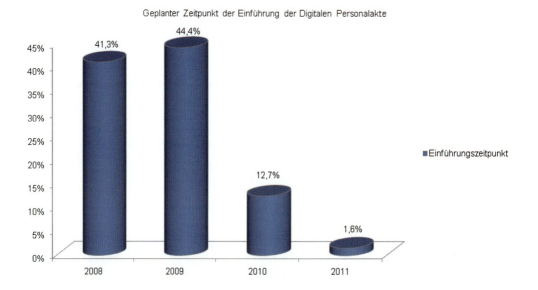

3.3.2 Ausschlaggebende Faktoren für die Einführung

Auf die Frage, wie stark folgende Faktoren die Entscheidung zur Einführung der Digitalen Personalakte beeinflusst haben, gaben die Unternehmen in diesem Strang nachstehende Antworten. Die Reihenfolge ist nach Mittelwerten von wichtig nach unwichtig sortiert, was bei ordinal skalierten Variablen methodisch zwar nicht einwandfrei, dem Verständnis aber dienlich ist.

Interessant ist hierbei, dass die Komponente der Kosteneinsparung, zumindest bei den Personalverantwortlichen, nicht unmittelbar die „erste Geige" spielt.

Ausschlaggebende Faktoren für die Einführung

Antwortmöglichkeiten	Kumulierte Antworten
Effizientere Abläufe	96,8 %, „Stark" oder „Sehr stark"
Optimierung des Workflows	96,8 %, „Stark" oder „Sehr stark"
Qualitative Verbesserung der Personalarbeit	92,1 %, „Stark" oder „Sehr stark"

Antwortmöglichkeiten	Kumulierte Antworten
Standortunabhängiger, gleichzeitiger Zugriff	76,2 %, „Stark" oder „Sehr stark"
Entlastung des Personals	73,0 %, „Stark" oder „Sehr stark"
Allgemeine Kosteneinsparung	71,0 %, „Stark" oder „Sehr stark"
Einsparungen von Lager- und Registraturkosten	61,3 %, „Stark" oder „Sehr stark"
Richtungsweisende Technologien	52,4 %, „Stark" oder „Sehr stark"

3.3.3 Geprüfte und gewählte Anbieter

Es sticht besonders heraus, dass mit 20,75 Prozent über ein Fünftel der Befragten noch keine Anbieter geprüft haben. Diejenigen, die sich bereits mit der Prüfung von Anbietern beschäftigt hatten, gaben überwiegend aconso (22,64 Prozent), SAP (21,70 Prozent) und perbit.views (11,32 Prozent) an.

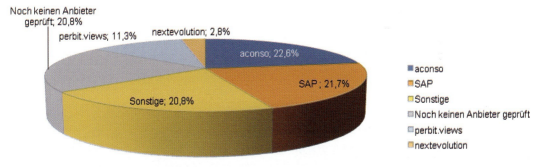

Geprüfte Anbieter der Digitalen Personalakte

Innerhalb der sonstigen geprüften Anbieter erhielten BASF IT, Persis und Lexware Mitarbeiter noch jeweils zwei der insgesamt 106 Stimmen. ADP Archiv, Breitenbach, D3, Easy Archive, Elo, Henrichsen, inPunkto, integrierte Personalakten, LOGA, IQDOCU, OpenText, Part, permanent, Rexx, Vivento, bebit, BRZ Archiv und Digital Storage Solution erhielten jeweils eine Nennung unter den Befragten dieses Stranges.

Gewählte Anbieter

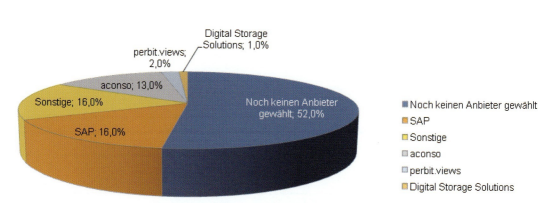

Wie in dieser Abbildung sehr deutlich wird, hatte über die Hälfte der Befragten zum Zeitpunkt der Befragung noch keine Entscheidung bzgl. eines Anbieters getroffen.

3.3.4 Planungsphase

3.3.4.1 Inanspruchnahme von Beratungsleistungen

Beratung ist offensichtlich für die überwiegende Mehrheit der befragten Unternehmen in diesem Strang von hoher Bedeutung. Lediglich 4,8 Prozent gaben an, auf Beratung gänzlich verzichten zu wollen. Aus der Abbildung wird außerdem deutlich, dass über drei Viertel (76,2 Prozent) der befragten Unternehmen zumindest auch auf externe Beratung setzen wollen.

Inanspruchnahme von Beratungsleistungen

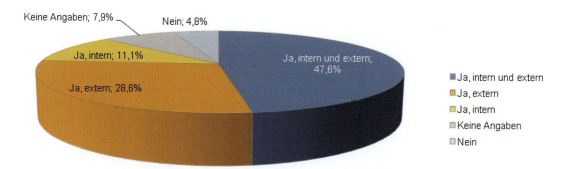

3.3.4.2 Geplante Einführungsdauer

Die Angaben bezüglich der geplanten Einführungsdauer sind, ähnlich wie im ersten Abschnitt dieser Arbeit, sehr heterogen ausgefallen. Wie in der folgenden Abbildung zu erkennen ist, bilden sich für die Zeiträume von ‚6 Monaten' sowie ‚mehr als 12 Monate' schwache Mehrheiten.

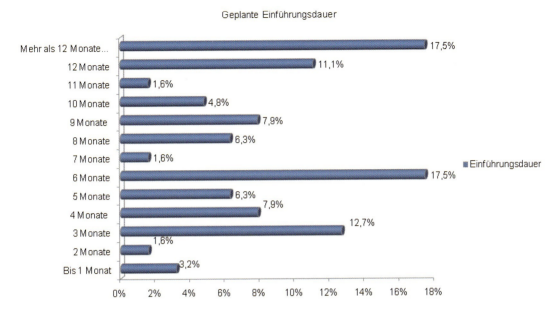

3.3.4.3 Geplante Schulungsdauer

Die Tatsache, dass lediglich 11,3 Prozent der Befragten keine Angaben zur Frage über die geplante Schulungsdauer der Mitarbeiter gemacht haben zeigt, dass dieses Thema durchaus im Bewusstsein der Unternehmen verankert ist, selbst wenn die Einführung noch nicht stattgefunden hat. Wie aus der nachstehenden Abbildung deutlich hervorgeht, werden 1 – 3 Schulungstage von den befragten Unternehmen als ausreichend empfunden.

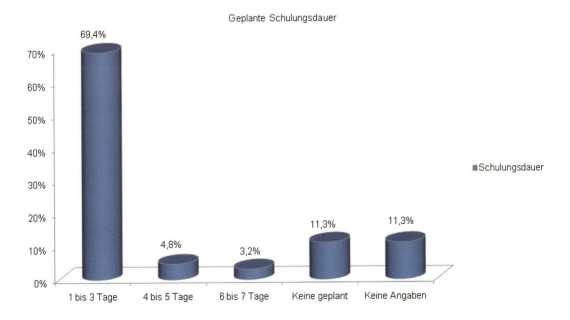

3.3.4.4 Integration des Systems in die Gesamt- bzw. Teilverwaltung

Gut zwei Drittel der Befragten (66,7 Prozent) wollen die Digitale Personalakte in die betriebliche Gesamtverwaltung integrieren. Ein Viertel sieht die Integration nur in Teilbereichen vor und 8,3 Prozent konnten keine Angaben hierzu machen.

3.3.4.5 Geplante Kosten

Zu den geplanten Kosten äußerten sich in diesem Fragestrang lediglich 11 Probanden. Daher sind die Ergebnisse mit entsprechender Vorsicht zu interpretieren.

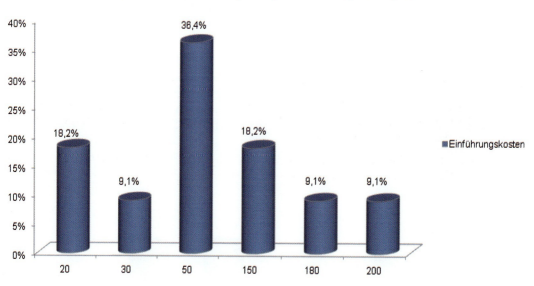

Wie die Abbildung deutlich macht, rechnen mit 36,36 Prozent über ein Drittel der Befragten, die eine Antwort auf diese Frage gegeben haben, mit Implementierungskosten von 50 T€. Interessant ist auch die Verteilung der offen abgefragten Werte. Das Feld scheint sich in „zwei Lager" zu teilen. Zum einen gibt es eine Gruppe die die Kosten zwischen 20 bis 50 T€ schätzt. Eine zweite Gruppe schätzt die Kosten mit zwischen 150 und 200 T€ deutlich höher ein. Zwischen 100 und 150 T€ existiert eine deutliche Lücke, was aber auch auf die geringe Samplegröße zurückzuführen sein könnte.

3.3.4.6 Altdatenübernahme

Das Thema der Altdatenübernahme wird von den meisten Befragten ernst genommen. Zahlreiche Studienteilnehmer haben sich bereits mit dieser Thematik beschäftigt. Nur knapp 10 Prozent machten hierzu keine Angabe. Deutlich wird auch, dass sich mit 64,5 Prozent die große Mehrheit zumindest auch einen externen Dienstleister hinzuziehen möchte.

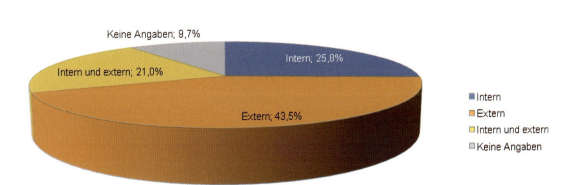

3.3.5 Geplante Implementierungsphase

Die Implementierung von neuen Systemen in ein Unternehmen ist ein besonders zeitkritischer Vorgang. Hierzu wurde der Proband gefragt, ob er zur Phase der Implementierung auch auf externe Dienstleister zurückgreifen will.

In der folgenden Abbildung wird deutlich, dass knapp über die Hälfte der Befragten einen externen Dienstleister zumindest auch zu Rate ziehen wollen.

Implementierung durch internen und/oder externen Dienstleister

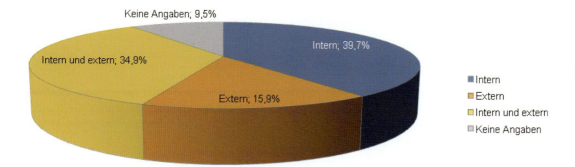

3.3.6 Geplante Administration

Ähnlich wie die Implementierung ist die Administration, also die laufende Betreuung des Systems, von hoher Bedeutung. Auch hier wurden die Probanden hinsichtlich Ihrer Präferenzen über eine externe, eine interne oder ein eine kombinierte Administration befragt. Die deutliche Mehrheit ist für eine interne Administration.

Administration intern und/oder extern

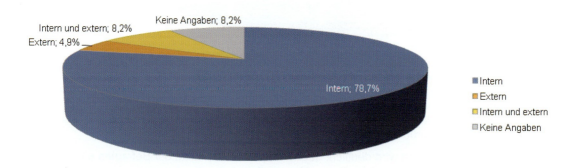

3.3.7 Erwartungen an die Digitale Personalakte

Da die befragten Unternehmen dieses Stranges die Einführung der Digitalen Personalakte bereits geplant haben, geht die Implementierung mit Erwartungen einher. Diese sind nachfolgend abgebildet. Da die Implementierung noch nicht vollzogen wurde können logischerweise keine Angaben über die Erfüllung der Erwartungen seitens der Befragten gemacht werden.

3.3.7.1 Beurteilung der Funktionen

Welche Funktionen von besonderer Relevanz sind zeigt folgende Abbildung.

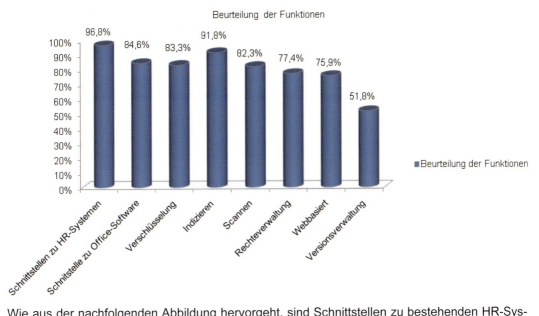

Wie aus der nachfolgenden Abbildung hervorgeht, sind Schnittstellen zu bestehenden HR-Systemen und Office-Anwendungen hiernach besonders relevant. In der genaueren Betrachtung dieser Faktoren wird deutlich, dass insbesondere Schnittstellen zu HR-Systemen eine hohe Bedeutung beigemessen wird.

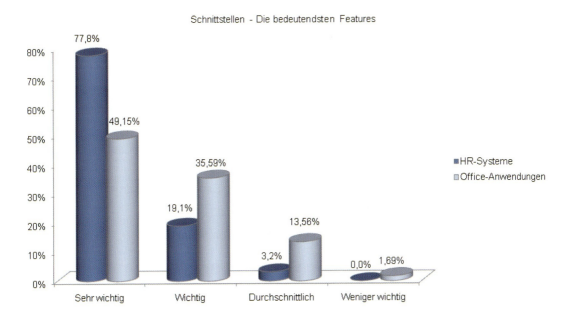

3.3.7.2 Beurteilung der Auswirkungen einer Digitalen Personalakte

Wie in Strang eins wurden auch in diesem Strang die Befragten zu den Vor- und Nachteilen befragt, die in Zusammenhang mit der Einführung und Nutzung der Digitalen Personalakte stehen. Wie die nächste Abbildung zeigt, werden vor allem Effizienzvorteile von der Digitalen Personalakte erwartet. Risiken wie der Abbau von Personal und mangelnde Möglichkeit der internen Administration werden hingegen kaum gesehen.

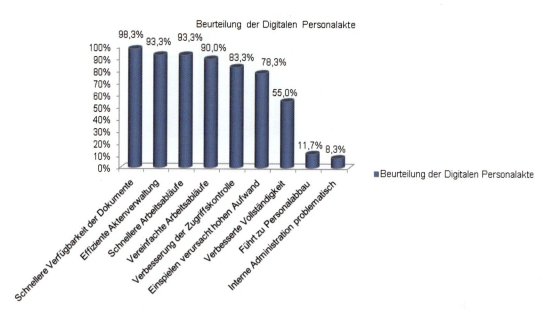

3.3.7.3 Wünsche und Anregungen zur Digitalen Personalakte

Auch in diesem Fragestrang wurde offen nach Wünschen und Anregungen zu Verbesserungen, Systemleistungen und Zusatztools gefragt. Die Beantwortung ist jedoch, dem Strang entsprechend, erwartungsgemäß gering ausgefallen.

Insgesamt vier Antworten wurden in diesem Fragestrang gegeben. Nämlich:

- „Keine reine Archivierung, sondern in Verbindung mit Personalmanagementsystem einsetzen"
- „Effektivere Möglichkeiten der Zuordnung archivierter Dokumente zu MA bei interner Archivierung"
- „Automatische Signatur von Daten und Dokumenten bei Export oder Ausdruck"
- „Stärkere Verknüpfung von HR Management System und DMS"

Auch hier unterstreicht das Ergebnis die hohe Bedeutung von Schnittstellen.

3.3.8 Charakterisierung der Unternehmen, die die Digitale Personalakte planen einzusetzen

3.3.8.1 Branche

Besonders stark vertreten sind in diesem Strang die Branchen Industrie (33 Prozent), Dienstleistungen (17 Prozent), Handel (15 Prozent) sowie Finanzen und Versicherungen (13 Prozent).

Auch was die Anzahl der Standorte der befragten Unternehmen angeht konnte ein guter Querschnitt erreicht werden:

- 35 der befragten Unternehmen sind an einem bis 10 Standorten tätig,
- 25 Unternehmen an 11 bis 100 und
- 7 Unternehmen sind an 101 bis 1000 Standorten tätig.

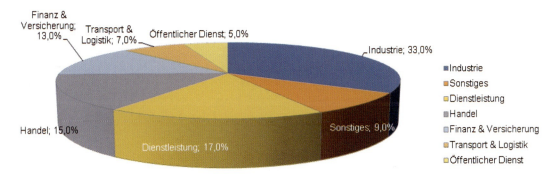

Anteile der Branchen innerhalb der Anlaysen

3.3.8.2 Internationale Tätigkeit und Mitarbeiteranzahl

Fast zwei Drittel (60,3 Prozent) der befragten Unternehmen dieses Stranges sind international tätig.

Im Durchschnitt haben die relevanten Unternehmen weltweit 15.416 Mitarbeiter, wobei die Spannweite von 250 bis 250.000 Mitarbeitern reicht.

3.3.9 Beurteilung der aktuellen und zukünftigen Wichtigkeit der Digitalen Personalakte

Insgesamt wird das Thema der Digitalen Personalakte als sehr wichtig empfunden. Über 90 Prozent halten die Thematik aktuell für wichtig oder sehr wichtig. Für die Zukunft wird es sogar von über 97 Prozent für wichtig bis sehr wichtig gehalten. Zu betonen ist hierzu auch, dass die Ausprägungen „eher unwichtig" und „unwichtig" nicht eine einzige Nennung erhalten haben.

3.3.10 Automatische Dokumenterzeugung

Die Frage, ob ein System zur automatischen Dokumentenklassifikation in Planung sei, spaltete die Befragten dieses Stranges fast exakt in zwei Hälften. 43,3 Prozent haben den Einsatz eines solchen Systems in Planung, 56,7 Prozent planen den Einsatz hingegen nicht. Keiner der Befragten dieses Stranges hat ein solches System bereits im Einsatz.

Die Frage nach der automatischen Dokumentenerzeugung stellt sich etwas anders dar. Hier gaben mit 63,3 Prozent fast zwei Drittel an, ein solches System in Planung zu haben. 20 Prozent haben ein solches System sogar schon im Einsatz. Nur 16,7 Prozent planen keinen Einsatz eines Systems zur automatischen Dokumentenerstellung.

3.3.11 Mediennutzung und Informationsverhalten der Befragten

Das Internet ist mit 72 Prozent das am meisten genutzte Medium der Befragten. Auf Platz zwei rangiert mit 59 Prozent die Tageszeitung. Das Fernsehen ist hingegen deutlich abgeschlagen auf Platz drei, den es sich mit dem Radio und den Fachzeitschriften teilt. Zu berücksichtigen bleibt, dass nicht alle Probanden zu jedem Medium ein Statement abgegeben haben, was das Ergebnis unter Umständen ein wenig verzerrt.

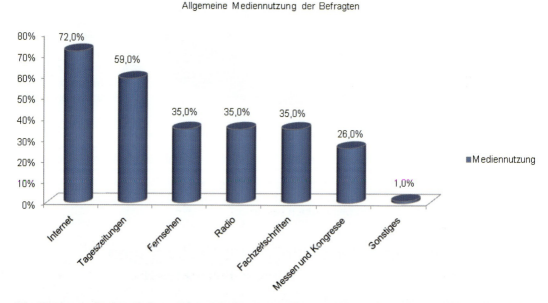

Die Frage nach dem Informationsverhalten zum Thema Personalmanagement beantworteten die Befragten wie in der folgenden Abbildung dargestellt. Neben den Fachzeitschriften (73,5 Prozent) sind das Internet (64,7 Prozent) sowie Informationen von Kollegen (60,3 Prozent) die wichtigsten Informationsquellen, gefolgt von Fortbildungen die immerhin noch knapp die Hälfte der Befragten wenigstens „häufig" nutzen.

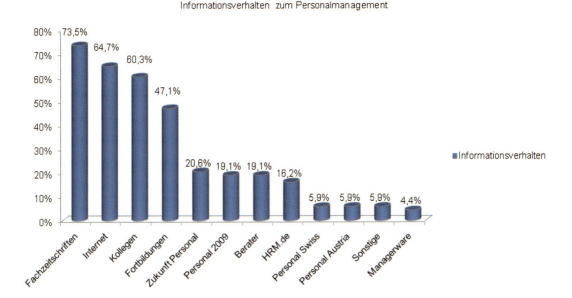

3.4 Unternehmen, die ohne Ergebnis eine Einführung diskutiert haben

Der größte Anteil der befragten Unternehmen selektierte sich mit 29 Prozent in den Strang drei. Hierunter werden die Unternehmen, die derzeit keine Einführung der Digitalen Personalakte planen, aber diese Option bereits diskutiert haben, verstanden. Diese Gruppe ist besonders interessant, da sich diese Unternehmen bereits mit dem Thema der Digitalen Personalakte auseinandergesetzt haben, sich aber noch nicht endgültig gegen die Einführung entschieden haben.

3.4.1 Gründe für die Nichteinführung der Digitalen Personalakte

Auf die Frage warum die Digitale Personalakte noch nicht eingeführt wurde, antwortete die Mehrheit der befragten Unternehmen, dass die Kosten und der Aufwand (Scanning des Bestandes, Umstellungs- und Einführungsaufwand) für die Einführung der Digitalen Personalakte nicht in Relation zum späteren Nutzen stehen. Mehrfach genannt wurde auch, dass die Personalressourcen (zu wenig Mitarbeiter oder bereits volle Auslastung der Mitarbeiter) nicht ausreichen und andere Projekte zurzeit Priorität (unter anderem auch im HR-Bereich) haben. Auch stellt der zeitliche Aspekt bei den Unternehmern ein Problem dar. Außerdem wurden folgende einzelne Aspekte angeführt: der Bedarf für eine Digitale Personalakte besteht noch nicht, die Datensicherheit wird bezweifelt, das bisherige System hat sich bewährt sowie negative Erfahrungen (wenige) von Seiten anderer Unternehmen wurden beobachtet.

Neben diesen Punkten wurden auch firmeninterne Probleme angeführt. Zum einen besteht keine Akzeptanz der Digitalen Personalakte im Betriebsrat. Zum anderen wird die Struktur durch die Gesamtkonzernverwaltung bestimmt oder es soll zuerst eine konzernweite Plattform entwickelt werden, bevor die Digitale Personalakte eingeführt werden kann. Außerdem wurden folgende Antworten genannt:

- Mangelnde Kompatibilität mit den bestehenden Abrechnungsprogrammen
- Der Prozess der Digitalisierung ist zu kompliziert
- Die systemgesteuerte Personalakte als Basis ist bislang noch nicht vorhanden
- Es hat sich noch niemand in dem Unternehmen mit diesem Thema auseinandergesetzt

3.4.2 Bekannte Anbieter der Digitalen Personalakte

Die nächste Abbildung zeigt die Bekanntheit der Anbieter der Digitalen Personalakte unter den Befragten.

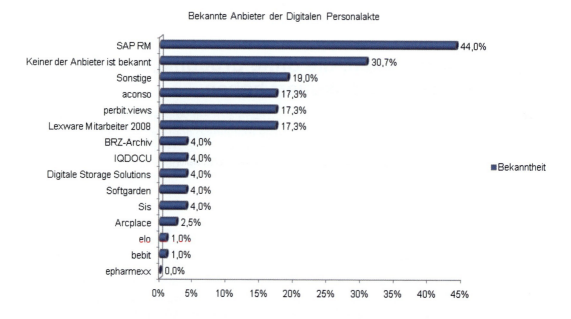

3.4.3 Geplante mögliche Einführung der Digitalen Personalakte

Die befragten Unternehmen in diesem Strang planen die Einführung nicht, aber ca. die Hälfte dieser Unternehmen kann sich vorstellen innerhalb der nächsten Jahre die Digitale Personalakte auch in ihrem Unternehmen einzuführen. Nur 11 Prozent können sich in der derzeitigen Lage keine Einführung vorstellen. Weitere 46,6 Prozent haben sich zu einer möglichen Einführung der Digitalen Personalakte in der Zukunft nicht geäußert.

Ergebnisse der Befragung

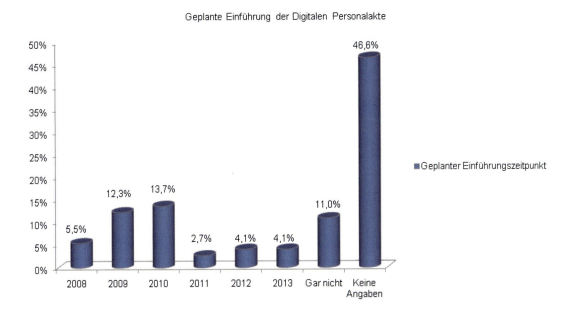

Geplante Einführung der Digitalen Personalakte

3.4.4 Potentielle ausschlaggebende Faktoren einer Digitalen Personalakte

Als die wichtigsten Faktoren der Digitalen Personalakte erachten Unternehmen mit 84,7 Prozent effizientere Abläufe und mit 77,5 Prozent einen standortunabhängigen, gleichzeitigen Zugriff.

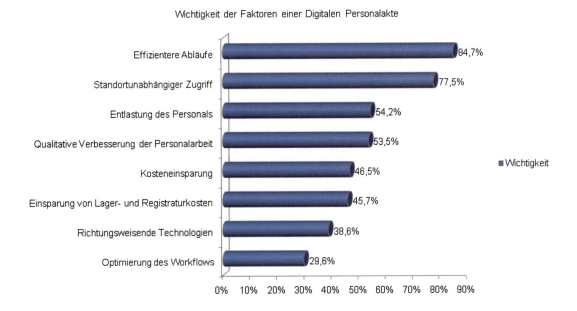

Wichtigkeit der Faktoren einer Digitalen Personalakte

67

Aber im Durchschnitt werden alle Faktoren der Digitalen Personalakte als wichtig eingestuft, somit gelten auch Entlastung des Personals, qualitative Verbesserung der Personalarbeit, Einsparung von Lager- und Registraturkosten und allgemeine Kosteneinsparungen als Vorteile, die durch die Einführung einer Digitalen Personalakte realisiert werden sollen.

3.4.5 Geprüfte und favorisierte Anbieter

Da sich ein Teil dieser Unternehmen bereits mit der potenziellen Einführung der Digitalen Personalakte beschäftigt hat, wurden von den Unternehmen dieses Strangs einige Anbieter der Digitalen Personalakte geprüft. Es zeigte sich, dass SAP und aconso mit jeweils 20,5 Prozent gemeinsam an der Spitze liegen. Mit mehr als 10 Prozent wurde der Anbieter Arcplace sowie Sonstige angeführt. Die weiteren Angebote wurden von weniger als 10 Prozent der Befragten einer Prüfung unterzogen. Im Detail wurden die Angebote von bebit und BRZ-Archiv von 6,8 Prozent bzw. 4,1 Prozent der Befragten in die nähere Auswahl aufgenommen. Mit jeweils 2,7 Prozent konnten sich die Anbieter perbit.views, epharmexx und Digital Storage Solutions behaupten. Das Produkt der Firma Softgarden wurde von 1,7 Prozent geprüft.

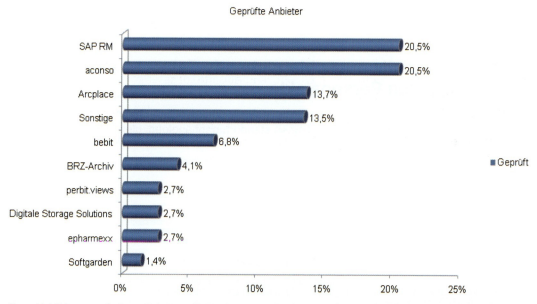

Der Abbildung auf der nächsten Seite ist zu entnehmen, dass mit 79,5 Prozent die meisten Unternehmen in Bezug auf einen möglichen Anbieter einer Digitalen Personalakte noch unentschlossen sind.

11 Prozent und 5,5 Prozent der Befragten bevorzugen jedoch die Angebote von SAP und aconso. Weitere jeweils 1,4 Prozent zählen Arcplace und perbit.views zu ihrem Favoriten.

Favorit unter den Anbietern

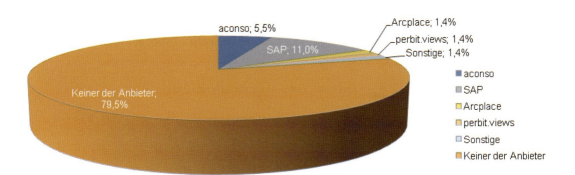

3.4.6 Erwartete Planungsphase
3.4.6.1 Inanspruchnahme von Beratungsleistungen

Bei einer eventuellen Einführung der Digitalen Personalakte lehnen nur 2,8 Prozent der befragten Unternehmen sowohl interne als auch externe Beratungsleistungen vor der Implementierung ab. Der größte Anteil der Befragten (36,6 Prozent) äußerte, dass er plant sowohl interne als auch externe Beratungsleistungen in Anspruch zu nehmen. 31 Prozent der Befragten möchte sich hingegen auf externe Leistungen beschränken. So dass lediglich 5,6 Prozent der Unternehmen beabsichtigen vor der Implementierung ausschließlich auf interne Beratungsleistungen zurückzugreifen. 23,9 Prozent tätigten „Keine Angaben" über mögliche Inanspruchnahme von Beratungsleistungen.

Beratungsleistungen intern und/oder extern

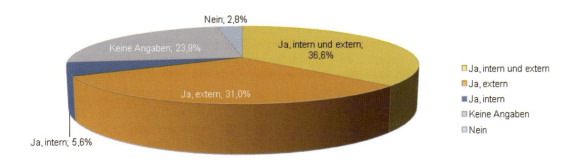

3.4.6.2 Erwartete Einführungsdauer

Den geplanten Zeitraum für die Implementierung der Digitalen Personalakte schätzen die befragten Unternehmen sehr unterschiedlich ein. Die häufigste Nennung lag mit 25,4 Prozent bei sechs Monaten. Ein weiteres Viertel der Befragten tätigte keine Angaben zur geplanten Zeitdauer. 18,3 Prozent erachten einen Zeitraum von ein bis 5 Monaten als möglich, 23,9 Prozent rechnen mit einer Dauer von sechs bis zwölf Monaten und weitere 7 Prozent mit einer Dauer von mehr als zwölf Monaten.

3.4.6.3 Erwartete Schulungsdauer

Den Zeitaufwand für Schulungen der Mitarbeiter im Falle einer Implementierung der Digitalen Personalakte planen die Befragten zum größten Teil auf ein bis drei Tage. Keine Angaben über mögliche Schulungen gaben 27,14 Prozent an, 18,75 Prozent hingegen planen gar keine Schulungen durchzuführen. Allerdings planen 10 Prozent mit vier bis fünf Schulungstagen, 7,14 Prozent mit sechs bis sieben Tagen. 2,86 Prozent der Unternehmer geben sogar an, dass sie für Schulungen mehr als sieben Tage einrechnen würden.

Für die Durchführung der Schulungen durch interne und externe Dienstleister sprechen sich knapp die Hälfte der befragten Personaler aus. Auf externe Dienstleistungen wollen 21,43 Prozent der Befragten zurückgreifen und 7,14 Prozent planen ihr Personal intern zu schulen. 27,14 Prozent haben keine Angaben zur Durchführung der Schulungen gemacht.

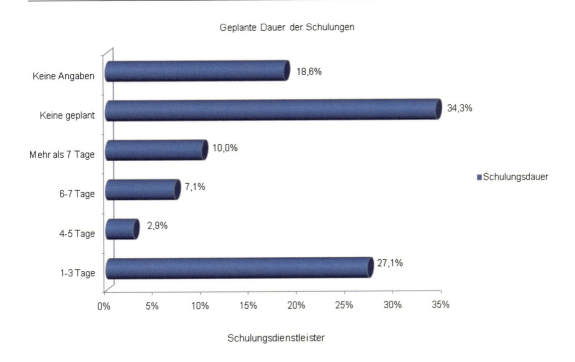

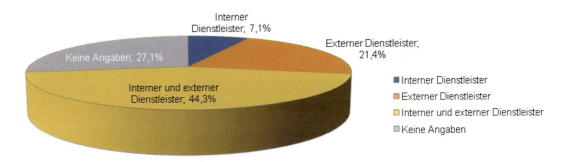

3.4.6.4 Erwartete Integration des Systems in die Gesamt- bzw. Teilverwaltung

In Bezug auf die Integrationstiefe der Digitalen Personalakte geben 36,23 Prozent an, diese in die betriebliche Gesamtverwaltung integrieren zu wollen, 34,78 Prozent würden im Falle einer Einführung die Digitale Personalakte nur in Teilbereiche integrieren. Keine Angaben machten 28,99 Prozent der Probanden.

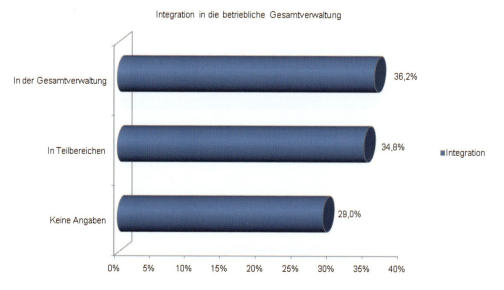

3.4.6.5 Erwartete Kosten

Fünf der sechs Unternehmen, die auf die Frage nach den geplanten Kosten geantwortet haben, kalkulieren mit einem Budget von unter 100 T € für die Einführung. Nur ein Befragter gab an, dass ihm ein Etat von 500 T € für die Implementierung zur Verfügung steht.

3.4.6.6 Erwartetes Vorgehen bei der Altdatenübernahme

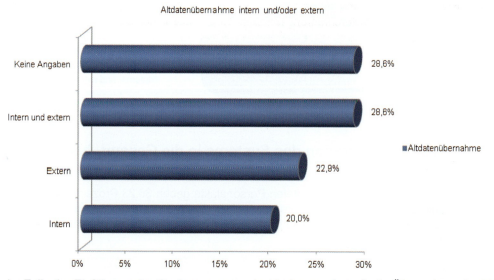

Im Falle der Einführung des Systems muss entschieden werden, ob die Übernahme der Altdaten intern oder extern durchgeführt werden soll. 28,75 Prozent der Befragten äußerte sich nicht zu diesem Thema, allerdings haben sich weitere 28,75 Prozent für eine gekoppelte interne und externe Altdatenübernahme ausgesprochen. Weitere 22,86 Prozent wollen die Übernahme intern und 20 Prozent extern durchführen lassen.

3.4.7 Erwartete Implementierungsphase

Ähnlich sieht die Verteilung der Leistungen in Bezug auf die Implementierung der Digitalen Personalakte aus. Den größten Anteil stellt wieder die Gruppe, die die Einführung sowohl externen als auch internen Dienstleistern übertragen möchte. Den kleinsten Teil stellen mit 9,9 Prozent erneut die Unternehmen dar, die planen die Digitale Personalakte nur von internen Ressourcen einführen zu lassen. Keine Angaben machten 33,6 Prozent und 21,1 Prozent wollen von Externen die Implementierung durchführen lassen.

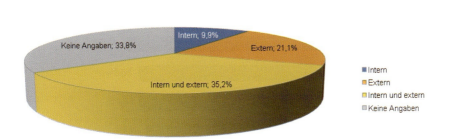

3.4.8 Mögliche Administration

Bei einer Integration des Systems würde die Mehrheit mit 88,46 Prozent die Administration der Digitalen Personalakte intern durchführen, lediglich 1,92 Prozent der Befragten würden eine externen Firma für die Administration beauftragen und 9,62 Prozent denken über eine interne und externe Administration nach.

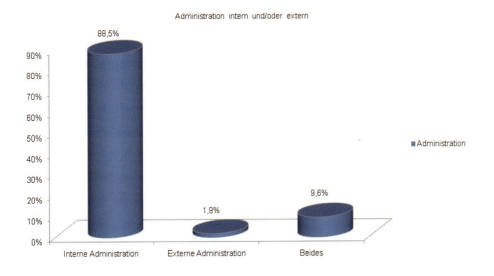

3.4.9 Erwartungen an eine Digitale Personalakte
3.4.9.1 Die wichtigsten Funktionen

Um die Wichtigkeit der Funktionen unter den potenziellen Neukunden einschätzen zu können, wurden die Unternehmen zu den für sie wichtigsten Funktionen befragt. Wie die nachstehende Abbildung zeigt werden durchschnittlich alle Funktionalitäten der Digitalen Personalakte als sehr wichtig angesehen, am häufigsten wurde hierbei die Funktion für Schnittstellen zu HR-Systemen genannt. Als weniger wichtig stellte sich innerhalb dieser befragten Gruppe die Funktion „Scannen" heraus, die innerhalb des Strangs eins an erster Stelle steht.

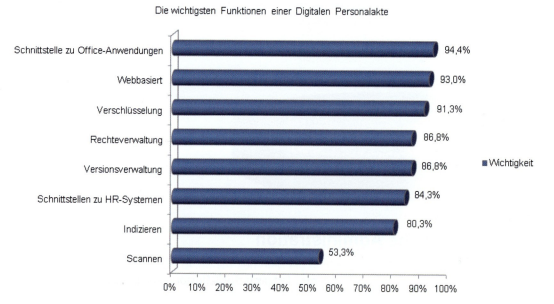

3.4.9.2 Beurteilung potentieller Auswirkungen der Digitalen Personalakte

Auch die Unternehmen dieses Stranges sollten in der Befragung die Digitale Personalakte einschätzen und die Auswirkungen der Einführung bewerten. So schätzen 95,7 Prozent der Befragten, dass die Digitale Personalakte für eine schnellere Verfügbarkeit der Dokumente sorgt. Je 82,6 Prozent meinen auch, dass die Einführung eine effizientere Aktenverwaltung bewirkt, die Arbeitsabläufe vereinfacht und für einen schnelleren Arbeitsablauf sorgt.

Hingegen schätzen 76,8 Prozent, das mit einem hohen personellen und finanziellen Aufwand verbunden ist. Nur 7,2 Prozent glauben, dass die Einführung zu einem Abbau von Personal innerhalb der Personalabteilung führen wird. 15,9 Prozent sind der Meinung, dass in ihrem Unternehmen keine Mitarbeiter vorhanden sind, die sich um die Administration der Digitalen Personalakte kümmern können. Allerdings geben über die Hälfte der Befragten eine bessere Vollständigkeit der Akten und eine verbesserte Zugriffskontrolle auf die Daten als weitere potentielle Vorteile an.

3.4.9.3 Gewünschte Funktionalitäten einer Digitalen Personalakte

Genannte Funktionalitäten, die eine Digitale Personalakte enthalten sollte

- das Bewerbermanagement
- der elektronische Zeiterfassungsworkflow
- die Integration ERP zu Office-Produkten (Vereinfachung der Korrespondenz)
- die konkrete Selektionsmöglichkeit, beispielsweise ergebnisorientierte Vergütung
- die Prozessberatung zur Hebung von Effizienzen
- das Vertragswesen (z.B. Erstellung von Verträgen)
- das Selbsteinschätzungstool für Mitarbeiter
- die automatische Prüfung auf Vollständigkeit der Akte
- die erhöhte Datensicherheit
- Import- und Export-Schnittstellen

3.4.10 Einschätzung der Nutzung

Angesprochen auf die momentane Nutzung des Systems in deutschen Unternehmen gaben 76,19 Prozent der Befragten eine Spanne von 0 bis 30 Prozent an. Nur 19,05 Prozent sind der Ansicht, dass mehr als 30 bis 50 Prozent der Unternehmen diese Technologie bereits nutzen. Lediglich 4,76 Prozent gehen von einer mehr als 50-prozentigen Nutzung in deutschen Unternehmen aus.

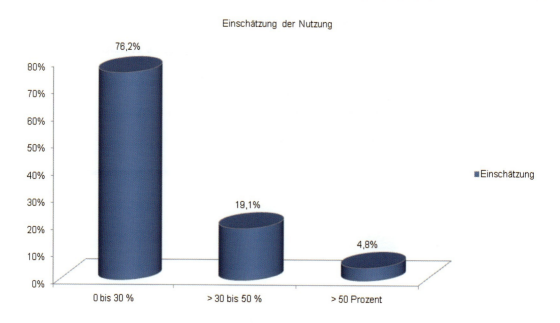

3.4.11 Einschätzung Einsatz geplant

In Bezug auf die Einschätzung des zukünftigen geplanten Einsatzes der Digitalen Personalakte in deutschen Unternehmen gaben 62,90 Prozent der Befragten an, dass 0 bis 30 Prozent der deutschen Unternehmen die Technologie in den nächsten 5 Jahren möglicherweise einführt. Ein Fünftel (20,97 Prozent) schätzt die zukünftige Nutzung in deutschen Unternehmen auf mehr als 30 Prozent bis 50 Prozent und sogar 16,13 Prozent rechnen mit mehr als 50 Prozent.

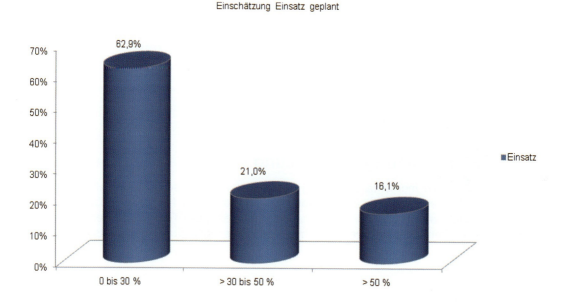

3.4.12 Charakterisierung der Unternehmen, die eine Einführung ohne Ergebnisse diskutiert haben

3.4.12.1 Branchenuntergliederungen

Im Strang drei sind analog zu den bereits geschilderten Strängen vor allem die Branchen Industrie, Dienstleistungen, Handel und Finanzen und Versicherungen vertreten.

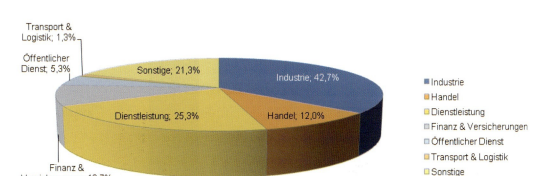

Branchenuntergliederung im dritten Strang

3.4.12.2 Standorte

Eine Kategorisierung der Unternehmen anhand der Anzahl der Standorte zeigt, dass dieser Strang von Unternehmen mit bis zu zehn Standorten dominiert wird. Die weitere Verteilung der Unternehmen gemäß dieser Kategorisierung setzt sich mit 8,1 Prozent, 13,5 Prozent und 14,9 Prozent aus Unternehmen mit 11 – 20, 21 – 50 sowie mehr als 50 Standorten zusammen.

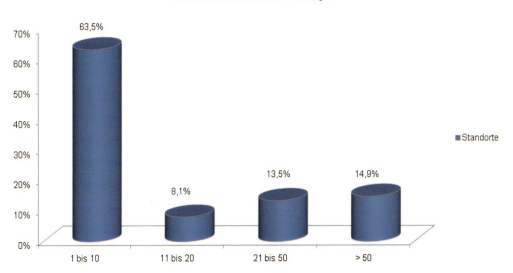

Standorte der Unternehmen in Strang 3

3.4.12.3 Mitarbeiteranzahl in den einzelnen Unternehmen

Die Hälfte der Unternehmen geben an, dass Sie mehr als 3.000 Mitarbeiter in ihrem Unternehmen beschäftigen. Knapp ein Viertel verwaltet 1.001 bis 2.000 Mitarbeiter in der Personalabteilung, 9,5 Prozent haben 0 bis 1.000 Mitarbeiter und 16,2 Prozent der Unternehmen 2.001 bis 3.000 Beschäftigte.

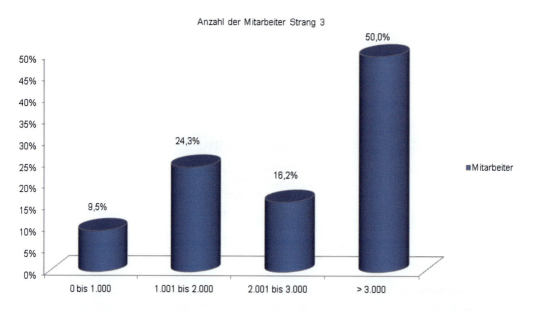

3.4.13 Aktuelle und zukünftige Wichtigkeit der Digitalen Personalakte

Aktuell wichtig ist die Digitale Personalakte für 57,3 Prozent der Befragten, aber 10,7 Prozent empfinden dieses System als unwichtig. Die zukünftige Entwicklung dieser Technologie erachten allerdings 81,3 Prozent als wichtig. Lediglich 5,3 Prozent betrachten die Technologie auch in den nächsten fünf Jahren als unwichtig.

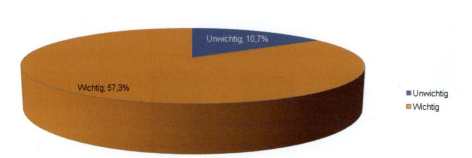

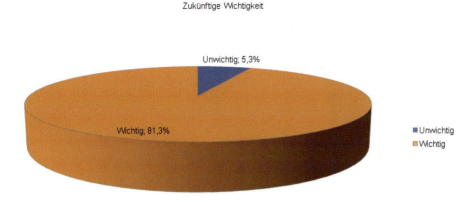

3.4.14 Automatische Dokumentklassifizierung

Über ein System einer automatischen Dokumentenklassifizierung denken 60,9 Prozent der Befragten nach, 1,4 Prozent haben ein solches System bereits im Einsatz und 37,7 Prozent haben noch nicht über eine automatische Dokumentenklassifizierung nachgedacht.

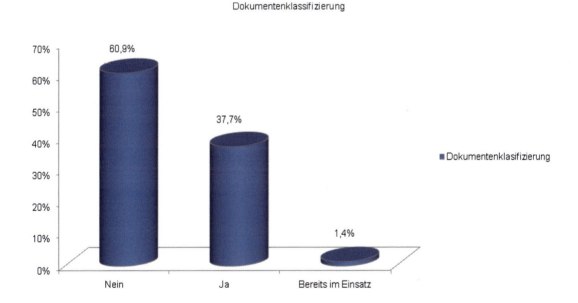

3.4.15 Automatische Dokumentenerstellung

Mit dem System einer automatischen Dokumentenerstellung haben sich 42 Prozent noch nicht beschäftigt, 37,7 Prozent denken über ein solches System nach und 20,3 Prozent verwenden bereits ein System zu automatischen Dokumentenerstellung.

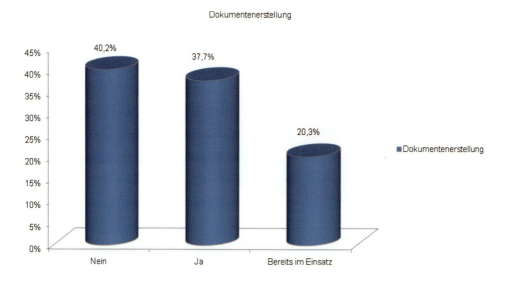

3.4.16 Mediennutzung und Informationsverhalten der Befragten

Die folgende Abbildung zeigt die Medien, die am häufigsten von den Befragten genutzt werden. Die meisten Informationen besorgen sich die Personalverantwortlichen aus Tageszeitungen und dem Internet. Unter Sonstiges wurden Nennungen wie interne Veröffentlichungen, Bücher, Newsletter, Onlinedienste und Verbandinformationen zusammengefasst.

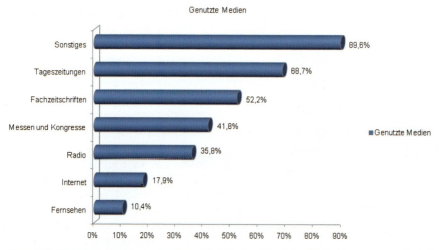

Speziell über Personalmanagement informieren sich die Befragten am häufigsten im Internet (77,6 Prozent) und in Fachzeitschriften (74,6 Prozent). Eine große Informationsquelle stellen auch die Kollegen dar, diese wurden von 50,8 Prozent angegeben. Außerdem informieren sich die Unternehmer auf Fortbildungen (41,8 Prozent) und durch Messen wie Personal Austria,

Manageware, Personal Swiss, Personal 2009 oder Zukunft Personal, aber auch über das Personalnetzwerk HRM.de.

Veranstaltungen, die die Unternehmer besuchen um allgemeine Informationen zu erhalten sind unter anderem die Messen CEBIT, DGFP aber auch die Erfa-Kreise, Fachvorträge, Fortbildungen, HR Kongress SAP, Informationen über Kienbaum, partielle Auswahl nach Aktualität und Inhalt, Workshops, Netzwerke, Schulungen und Personalfachtagungen werden zu Rate gezogen.

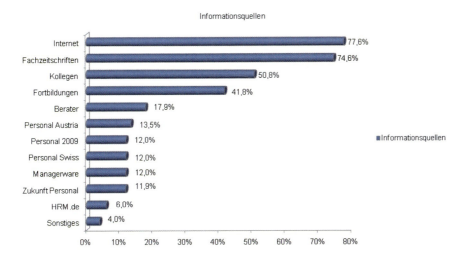

3.5 Unternehmen, die kein Interesse an einer Einführung haben

Strang vier beinhaltet die 20,46 Prozent der befragten Unternehmen, bei denen die Digitale Personalakte derzeit weder eingeführt wird noch über die Einführung diskutiert wurde. Hier ist es besonders interessant zu sehen, warum diese Unternehmen sich bislang keine Gedanken über die Einführung der Digitalen Personalakte gemacht haben.

3.5.1 Gründe gegen die Einführung der Digitalen Personalakte

Als Gründe für das nicht vorhandene Interesse an der Digitalen Personalakte wurden unter anderem genannt:

- Die Digitale Personalakte wird bislang nicht für wichtig erachtet (18 Prozent)
- Kein Interesse, kein Geld (15 Prozent)
- Nicht kompatibel mit dem brancheninternen System (8 Prozent)
- Andere IT- unterstützte Themen und andere Projekte bzw. Themen sind derzeit wichtiger (7 Prozent)

- Zu geringe Mitarbeiteranzahl (7 Prozent)
- Zu großer Aufwand beim Einscannen und beim Datenschutz (4 Prozent)
- Administrativer Aufwand ist auch ohne DiPa noch zu bewältigen (4 Prozent)
- Noch keine ausreichende Praktikabilität aus der Unternehmensstruktur vorhanden (4 Prozent)
- Die Personalverwaltung wurde outgesourct. Vom externen Dienstleister wird aber eine Digitale Personalakte verwendet (4 Prozent)
- Kein Bedarf vorhanden (4 Prozent)
- Struktur wird von der Gesamtkonzernverwaltung vorgegeben (4 Prozent)
- Veraltetes HR-System, viele Originale müssen trotzdem archiviert werden (4 Prozent)
- Von verantwortlicher Stelle nicht initiiert (4 Prozent)

Die angeführten Gründe lassen den Schluss zu, dass innerhalb dieses Strangs zum Zeitpunkt der Befragung Projekte mit höherer Priorität auf der Agenda der Personalabteilungen stehen, so dass der Einführung einer Digitalen Personalakte diese Priorität momentan vermutlich nicht zugestanden wird.

3.5.2 Bekannte Anbieter

Die Mehrzahl der Unternehmen, die die Digitale Personalakte anbieten, ist bei den Befragten dieses Stranges unbekannt. 41,5 Prozent der Befragten kannten keinen der vorgegebenen Anbieter. SAP Records Management ist mit 35,8 Prozent der am häufigsten genannte Anbieter, vor Lexware Mitarbeiter 2008, das mit 17 Prozent auf dem zweiten Platz des Bekanntheitsgrades liegt. Da 40 Prozent der Befragten keinen Anbieter der Digitalen Personalakte kennen, kann man annehmen, dass sie noch sehr unvoreingenommen und dementsprechend beeinflussbar gegenüber dem Thema sind.

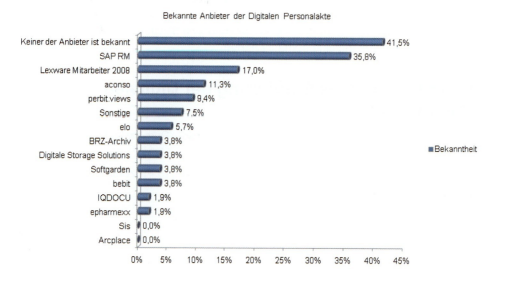

3.5.3 Ausschlaggebende Faktoren für eine potentielle Einführung der Digitalen Personalakte

Effizientere Abläufe (18 Prozent), Optimierung des Workflows (17 Prozent) und ein standortunabhängiger Zugriff auf die Personalakte (16 Prozent) befinden die Konsultierten als wichtige Faktoren, die für die Einführung einer Digitalen Personalakte sprechen könnten.

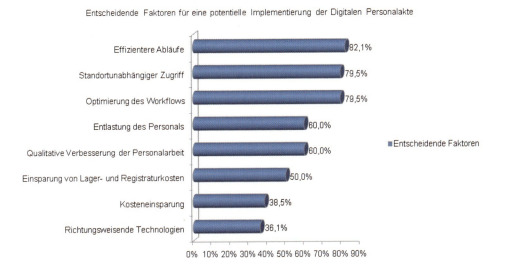

3.5.4 Mögliches Vorgehen innerhalb der Planungsphase

3.5.4.1 Inanspruchnahme von Beratungsleistungen

Bei einer möglichen Implementierung der Digitalen Personalakte möchten sich jeweils 23 Prozent intern bzw. intern und extern beraten lassen. Nur 4 Prozent schließen jegliche Beratung aus.

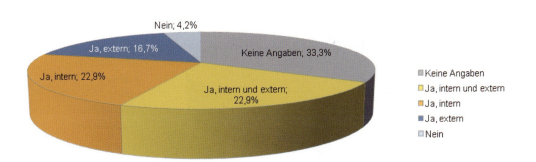

3.5.4.2 Mögliche Einführungsdauer

Die Umfrageteilnehmer gaben an, im Falle einer geplanten Nutzung der Digitalen Personalakte, einen Zeitraum von sechs bis zwölf Monaten für deren Einführung ansetzen. Die Meisten machten hier aber keine Angaben.

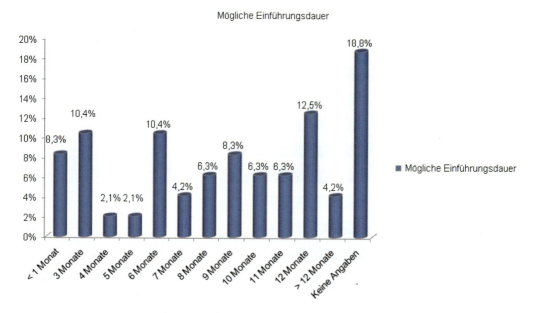

3.5.4.3 Vorgehen der Implementierung

Ob eine interne oder externe Einführung stattfinden soll, zeigt die folgende Abbildung. Die Befragten bevorzugen zu gleichen Teilen interne, externe Implementierung oder beides. Der große Anteil der Antwort „keine Angaben" lässt sich auf den Strang vier generell gut zurückführen, da die beinhalteten Unternehmen nicht planen die Digitale Personalakte einzuführen.

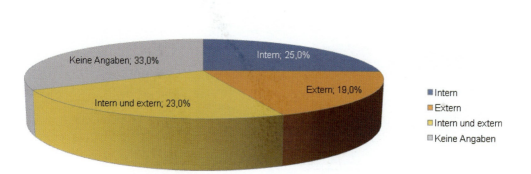

3.5.5 Wichtigkeit der Funktionen der Digitalen Personalakte

Als wichtige Funktionen, die die Digitale Personalakte erfüllen sollte, nannten die Befragten Schnittstellen zur Office-Software (89,2 Prozent) und zum HR-System (87,2 Prozent). In der Abbildung sind weitere bedeutungsvolle Funktionen graphisch dargestellt.

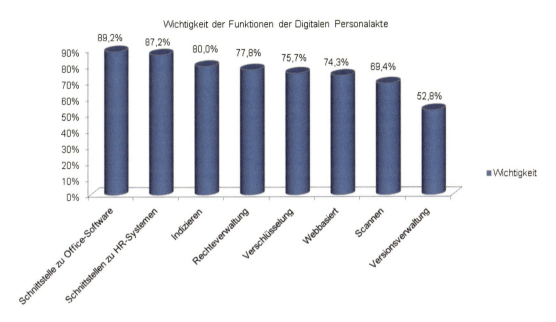

3.5.6 Einschätzungen zu den Auswirkungen einer Digitalen Personalakte

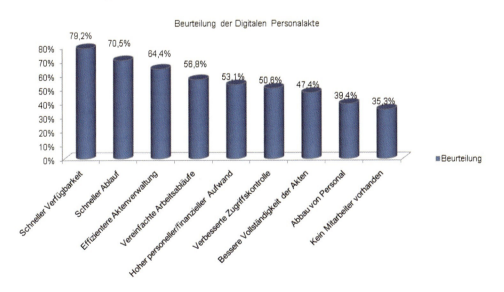

Von den Befragten werten fast 80 Prozent die Digitale Personalakte als Hilfsmittel zur schnelleren Verfügbarkeit der Daten. 70 Prozent sind der Meinung, dass die Applikation für einen schnelleren Arbeitsablauf sorgt, 64,2 Prozent sehen darin ein Mittel zur Erhöhung der Effizienz in der Aktenverwaltung.

3.5.7 Charakterisierung der Unternehmen, die kein Interesse an der Einführung einer Digitalen Personalakte haben

3.5.7.1 Branchenverteilung

Diese Sparte besteht zu 47,2 Prozent aus Vertretern der Industrie, 13,2 Prozent sind Dienstleistungsunternehmen und 9,4 Prozent entstammen der Transport- und Logistik-Branche. Die weiteren eher gering vertretenen Branchen sind in der folgenden Grafik zusätzlich dargestellt.

3.5.7.2 Positionen der befragten Personen

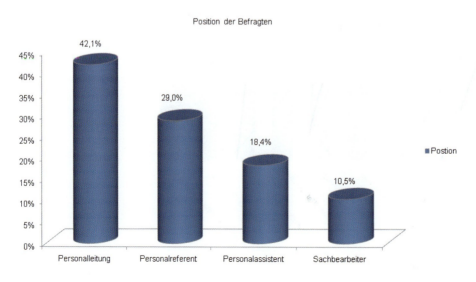

Innerhalb dieses Strangs gaben 38 Personen bezüglich ihrer bekleideten Position innerhalb des Unternehmens eine Antwort an. Erfreulicherweise selektierten sich mit über 42 Prozent relativ viele Entscheider in den Strang.

3.5.7.3 Standorte der Befragten

Die Mehrzahl der Befragten lassen sich den Standort in Deutschland betreffend als mittelständische Unternehmen einordnen. 64,2 Prozent der an der Studie teilgenommenen Betriebe ist an 1-10 Standorten tätig, 11,3 Prozent besitzen 11-20 Standorte, wiederum 11,3 Prozent können auf 21-50 Betriebsstätten verweisen und 9,4 Prozent der Befragten gaben an, 50 oder mehr Niederlassungen zu besitzen.

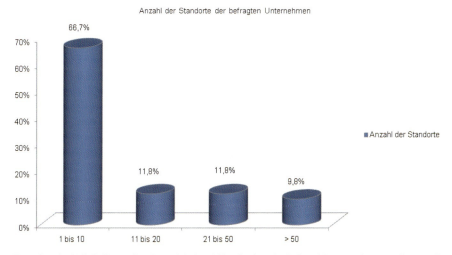

Durchschnittlich liegt die Anzahl der Mitarbeiter bei den Unternehmen dieses Strangs bei 2.000, wenngleich 45,10 Prozent auf mehr als 3.000 Beschäftigte verweisen können. Mit 61,54 Prozent gab mehr als die Hälfte der Teilnehmer eine internationale Tätigkeit an.

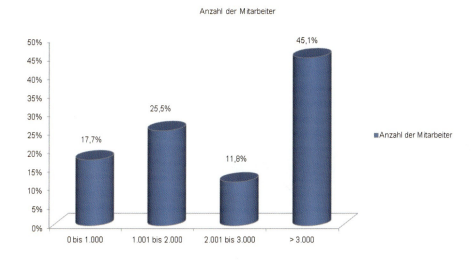

3.5.8 Genutzte HR-Systeme

Das von den Unternehmen am häufigsten genutzte HR-System ist mit über 35 Prozent klar SAP. Des Weiteren wurde innerhalb dieses Strangs mit 9 Prozent Paisy am zweithäufigsten genannt. Der Posten „Sonstige" setzt sich unter anderem aus Anbietern wie Taris, Perpit Views, IBM, Datev und Ariba zusammen.

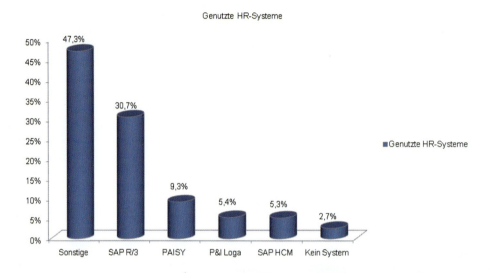

3.5.9 Aktuelle Wichtigkeit der digitalen Personalakte

Die Mehrzahl (58,5 Prozent) der Befragten entschied sich zu einer neutralen Einschätzung in Bezug auf die aktuelle Wichtigkeit der Digitalen Personalakte. Dies kann mitunter als Grund dienen, warum die konsultierten Unternehmen dieses Stranges die Applikation nicht einführen. Im Gegensatz dazu ist zu sehen, dass 30,2 Prozent die Digitale Personalakte für wichtig erachten und nur 11,3 Prozent in ihr nur eine unwichtige Rolle sehen.

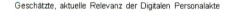
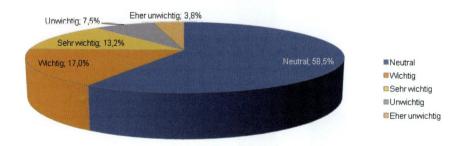

3.5.10 Zukünftige Wichtigkeit

Bei der Frage, ob die Digitale Personalakte zukünftig wichtig sein wird, waren 39,6 Prozent neutral gegenüber dieser Frage eingestellt, 37,7 Prozent urteilen die Digitale Personalakte wird relevant sein und 18,9 Prozent halten sie sogar für sehr wichtig. Nur jeweils 1,9 Prozent der Befragten stimmten mit eher unwichtig und unwichtig. Also wird die Lösung zu mehr als 56 Prozent als wichtiges Element der Geschäftsumwelt in der Zukunft erachtet und nur 3,8 Prozent sind der Meinung, sie wird keine große Rolle spielen. In der folgenden Abbildung kann man eine genaue Verteilung der Antworten sehen.

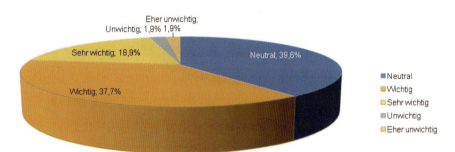

Hieraus kann abgeleitet werden, dass die Unternehmen in Zukunft für die Technologie ein positives Potential sehen, obwohl die momentane Haltung gegenüber dieser Technologie eher zurückhaltend ist.

3.5.11 Aktuelle und zukünftige Nutzung

Der geschätzte Nutzungsumfang der Digitalen Personalakte wird in den nachfolgenden Diagrammen dargestellt. 67 Prozent schätzen, dass weniger als 30 Prozent der Unternehmen die Digitale Personalakte heute schon nutzen. Somit schätzen die Befragten die derzeitige Nutzung als gering ein und sehen vermutlich auch deshalb keine Notwendigkeit in der Einführung.

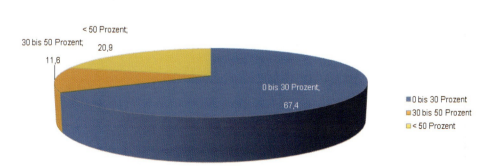

Nach Einschätzung von 68 Prozent der Befragten wird zukünftig der Anteil der Firmen, die einen Einsatz planen, weiterhin bei 0 – 30 Prozent liegen. Das zeigt, dass die Teilnehmer dieses Teils der Studie nicht mit einer expansiven Implementierung der digitalisierten Personalakte rechnen.

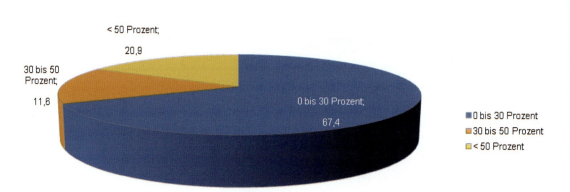

3.5.12 Mediennutzung und Informationsverhalten

Ein Bestandteil der Studie war auch die Frage, wo Informationen zum Personalmanagement eingeholt werden. Nicht überraschend landete hier das Internet mit einer Nutzung von mehr als 90,6 Prozent auf Platz 1, danach folgen Fachzeitschriften und Kollegen als bevorzugte Beratungs- und Informationsquellen. Nicht allzu großer Beliebtheit erfreuen sich Personal Austria und HRM.de mit nur genannten 7,6 Prozent und 5,3 Prozent.

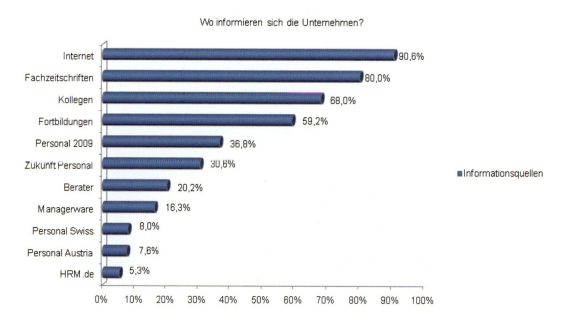

Wichtige Veranstaltungen für die Gewinnung von Informationen im Personalmanagement sind die Fachmesse Zukunft Personal, die von 9,4 Prozent genannt wurde, und Haufe.de, mit 7,5 Prozent der Stimmen.

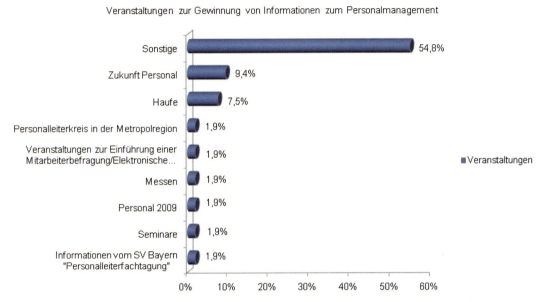

Bei den Medien, die zu Informationszwecken herangezogen werden, liegt wiederum das Internet ganz klar mit 86,5 Prozent vorne. Mehr als die Hälfte nennt auch Tageszeitungen und das Radio als angesehene Informationsquelle.

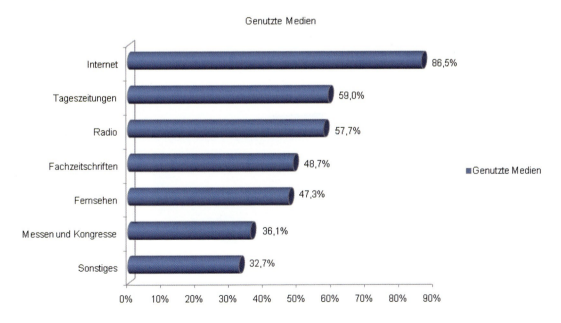

3.5.13 Automatische Dokumentklassifizierung

Die Studie ergab, dass 15 Prozent der Unternehmen bereits die automatische Dokumentenklassifizierung verwenden. Jedoch planen 81,5 Prozent der Unternehmen keine und nur 4 Prozent diese Art der Dokumentenklassifizierung zu nutzen.

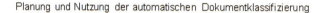

Planung und Nutzung der automatischen Dokumentklassifizierung

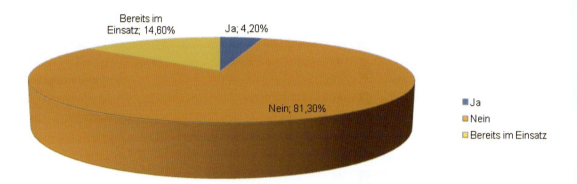

3.5.14 Automatische Dokumenterzeugung

Des Weiteren stellte sich heraus, dass 68,8 Prozent eine Einführung der automatischen Dokumentenerstellung ablehnen. 8,3 Prozent können es sich vorstellen, in Zukunft damit zu arbeiten, bei 22,9 Prozent ist die automatische Dokumentenerstellung bereits im Einsatz.

Planung und Nutzung der automatischen Dokumenterstellung

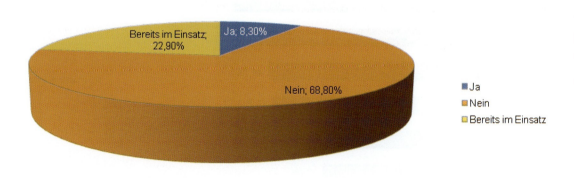

C Zusammenfassung und Ausblick

Zusammenfassend lässt sich feststellen, dass sich knapp 80 Prozent der Befragten mit dem Thema der Digitalen Personalakte beschäftigt hat. Die Einschätzung, inwiefern die Technologie in Zukunft an Bedeutung gewinnt ist vor allem von der momentanen Haltung gegenüber dieser Technologie abhängig. Die überwiegende Mehrheit tendiert aber zu einer weiterhin positiven Entwicklung. So dass diese Technologie vermutlich in den nächsten fünf Jahren von weiteren Unternehmen in der Personalabteilung implementiert wird.

Die Motive für die Einführung werden entsprechend der getätigten Äußerungen vor allem in qualitativen Aspekten gesehen. Rein finanzielle Auswirkungen beeinflussen zwar die Entscheidung, sind aber nicht entscheidend. Gleichzeitig ist darauf hinzuweisen, dass mit einer Einführung alleine die angestrebten Ziele nicht im erwarteten Umfang realisiert werden konnten.

Für Unternehmen, die sich bezüglich einer Einführung unschlüssig sind, sind die Ergebnisse des Stranges eins von besonderer Bedeutung, da hervor geht welche Aspekte in der Planungs- und Implementierungsphase von den Unternehmen berücksichtigt wurden. Hier ist im Besonderen festzustellen, dass die Effekte in erster Linie von qualitativen Aspekten beherrscht werden. Gleichzeitig ist hervorzuheben, dass mit einer Einführung alleine die erwarteten Effekte nicht im vollen Umfang realisiert werden konnten.

Des Weiteren ist ersichtlich welche finanziellen Aufwendungen bei den Unternehmen anfielen und welche Auswirkungen die Einführung für die Unternehmen mit sich brachte.

Für Anbieter von Digitalen Personalakten geben die Ergebnisse einen aktuellen Überblick über die Bekanntheit der jeweiligen Angebote und zeigen welche Funktionen der DIPA von den unterschiedlichen Zielgruppen als wichtig erachtet werden. Auch geht hervor wo Probleme während der Einführung auftraten und welche zusätzlichen Funktionen von den Kunden gewünscht sind. Des Weiteren liefern die Ergebnisse empirisch fundierte Argumente zur Beurteilung der Akzeptanz und Wichtigkeit der einzelnen Funktionen. In Bezug auf mögliche Trends, die zu einer Weiterentwicklung der DIPA führen könnten, ist festzustellen, dass Systemen, die Dokumente automatisch erstellen und/oder klassifizieren können, potenzielle Kunden gegenüberstehen. Folglich könnte die Implementierung entsprechender Tools in die Digitale Personalakte ein Unterscheidungskriterium für die jeweiligen Anbieter bedeuten.

Aufgrund der hohen Akzeptanz der Technologie und den in der Studie aufgezeigten Abweichungen von dem gewünschten Soll und eingetretenen Ist-Effekten besteht vor allem in Bezug auf die Gründe, die zu diesen Abweichungen und auch Problemen während der Implementierung führten, weiterer Forschungsbedarf.

D Interview

Prof. Michael Amberg geht in diesem abschließenden Interview auf die Hintergründe der Studie, deren Ergebnisse sowie die Trends und Potentiale der Digitalen Personalakte ein.

Was hat Sie und ihr Team dazu veranlasst eine Studie zu den Trends und Potentialen der Digitalen Personalakte durchzuführen?

Die Implementierung einer Digitalen Personalakte ist eine weitreichende Entscheidung und wird von vielen Faktoren bestimmt: Kosten, zu erwartende Verbesserungen, zu berücksichtigende Komplikationen aber auch Defizite, die die Anwender sehen. Da der derzeitige Stand der Literatur keinen Aufschluss über die zu erwartenden Effekte und deren tatsächliche Realisierung gibt, haben wir uns dazu entschlossen dieses Thema mittels quantitativer Methoden zu untersuchen.

Welches Ziel wollten Sie mit der Durchführung der aktuellen Studie erreichen?

Die bestehenden Personalinformationssysteme erlauben eine ständige Weiterentwicklung und Implementierung neuer Funktionalitäten, so dass die Personalarbeit ständig effektiver und effizienter gestaltet werden kann. Aufgrund der positiven Erfahrungen, die die Anwender mit der digitalen Personalakte machten, stand die Studie unter der Prämisse, die Erwartungen und Erfahrungen dieses dedizierten Personalverwaltungssystems mit wissenschaftlichen Methoden zu eruieren, um eine flächendeckende Analyse des Systems zu erarbeiten sowie einen aktuellen Überblick über den Markt zu erhalten und darauf basierend zukünftige Potenziale ableiten zu können.

An wen genau richtete sich die Umfrage? Wie viele Teilnehmer haben Sie erreichen können?

Die Umfrage richtete sich an Personalverantwortliche in deutschen Unternehmen, die zum einen mehr als 2.500 Mitarbeiter beschäftigen und zum anderen einen Jahresumsatz von mehr als 50 Mio. € erzielen. Um repräsentative Aussagen zu den Trends und Potenzialen der digitalen Personalakte zu erhalten, wurden insgesamt 2.014 Personalleiter, Personalreferenten sowie Personalsachbearbeiter der entsprechenden Unternehmen zur Online-Umfrage eingeladen.

Auf die Gesamtteilnahmezahl gesehen, wie stufen Sie die Rücklaufquote ein?

Die Rücklaufquote von fast 25 Prozent verdeutlicht, wie viele der eingeladenen Probanden den Fragebogen tatsächlich aufgerufen haben. Demzufolge sind wir mit der erreichten Anzahl sehr zufrieden, so dass wir von einem hohen Interesse und einer hohen Wichtigkeit an der Thematik ausgehen. Dies spiegelt sich auch in der Beendigungsquote wider.

In der Studie fragen Sie unter anderem nach der aktuellen Verbreitung der Digitalen Personalakte. Wie ist in diesem Fall die aktuelle Marktsituation?

Diese Frage ist in der vorliegenden Untersuchung von zentraler Bedeutung. Denn dadurch erhalten wir einen Überblick über die momentane Verbreitung des Systems und zum anderen wurden die Befragten entsprechend der getätigten Antwort mit unterschiedlichen Fragen zur Digitalen Personalakte konfrontiert. Die Auswertungen zeigen, dass knapp 25 Prozent der befragten Unternehmen bereits über eine Digitale Personalakte verfügen. Weitere 26 Prozent befanden sich zum Zeitpunkt der Befragung in der Implementierungsphase, die aufgrund von mehreren Faktoren, bspw. qualitativen Verbesserungen der Personalarbeit, initiiert wurde. Dem zu Folge arbeiten derzeitig circa 49 Prozent noch mit der traditionellen Papierakte.

Wie hoch schätzen Sie das Potential der Digitalen Personalakte für die Zukunft ein?

Die Ergebnisse der Untersuchung zeigen die tatsächlichen Effekte auf, die mit der Implementierung der Technologie einhergehen. Auf Basis der Erwartungen an die Digitale Aktenverwaltung und den geäußerten positiven Erfahrungen gehen wir von einer zunehmenden Anzahl an Implementierungen in deutschen Unternehmen aus. Dies wird zusätzlich durch die konstatierte zunehmende Wichtigkeit des Systems deutlich.

Bei der Entscheidungsfindung geht es zum einen neben der Kostenersparnis durch die Digitale Personalakte ebenfalls um die Prozessoptimierung in den Personalabteilungen. Welches sind der Studie nach die ausschlaggebenden Faktoren für die Einführung einer Digitalen Personalakte?

Erstaunlicher Weise sind für die „Personaler" Kosteneinsparungen nicht die ausschlaggebenden Faktoren, die für eine Implementierung sprechen. Viel wichtiger ist ihnen das Erreichen von qualitativen Verbesserungen, die sich bspw. in effizienteren Abläufen, einer besseren qualitativen Personalarbeit, einem gleichzeitigen und standortunabhängigen Zugriff sowie in der Entlastung der Personalmitarbeiter zeigen.

Wie beurteilen die befragten Personen die Digitale Personalakte nach der Einführung?

Die Einschätzungen derjenigen, die bereits eine Digitale Personalakte verwenden, erlauben Aussagen über die tatsächlich eingetretenen Effekte. Diesbezüglich sind über 80 Prozent der Probanden der Meinung, dass die Verwendung einer Digitalen Personalakte zu einer verbesserten Zugriffskontrolle und zu einer effizienteren Aktenverwaltung führt. Die Zufriedenheit der Mitarbeiter mit der Software wird ebenfalls von knapp 80 Prozent sehr positiv beurteilt. Angesprochen auf die Aufwände, die mit einer Implementierung verbunden sind, betrachten lediglich 37 Prozent die angefallenen Kosten als hoch, die notwendige Altdatenübernahme beurteilen 58 Prozent als aufwändig.

Auf dem Markt haben sich zahlreiche Anbieter der Digitalen Personalakte etabliert. Welche Unternehmen gelten der Studie nach als die Marktführer?

Die Analyse zeigt die Marktanteile der unterschiedlichen Anbieter auf. Wir haben in Bekanntheit der Anbieter sowie in gewähltes bzw. eingeführtes Produkt unterschieden. Beide Auswertungen weisen auf die Dominanz der Firmen SAP und aconso hin. Die Produkte anderer Unternehmen wurden innerhalb der vorliegenden Stichprobe weniger eingeführt bzw. sind den Personalverantwortlichen weniger bekannt. Folglich betrachten wir die Firmen SAP und aconso als Marktführer im Bereich der Digitalen Personalakte.

Aktuell und auch zukünftig liegt die Digitale Personalakte im Trend. Wo sehen Sie weitere zukünftige Trends der Digitalen Personalakte?

Die Ergebnisse prognostizieren der Digitalen Personalakte in Zukunft verschiedene Weiterentwicklungen. Aufgrund der geäußerten Verbesserungsvorschläge der Anwender gehen wir von der Integration zusätzlicher Funktionen aus. Im Bereich der Authentizität der Dokumente sehen wir Potenziale durch die Verwendung der digitalen Signatur. Als weiteren Fortschritt des Systems betrachten wir die Möglichkeit automatisch Dokumente erstellen und klassifizieren zu lassen, so dass die Digitale Personalakte in Zukunft weitreichende Effekte zur effizienteren und effektiveren Personalarbeit bereitstellen wird.

E   Autoren

Prof. Dr. Michael Amberg ist seit 2001 Inhaber des Lehrstuhls für Wirtschaftsinformatik III an der Friedrich-Alexander-Universität Erlangen-Nürnberg. Er studierte Informatik in Aachen und Erlangen. 1993 promovierte er in Bamberg über objektorientierte Softwareentwicklungen. 1999 folgte die Habilitation über Methoden, Vorgehen und Werkzeuge für prozessorientierte Informationssysteme. Von 1999 bis 2001 war er Professor für Wirtschafts-informatik an der RWTH Aachen mit Schwerpunkt Electronic Business.

Von April 2007 bis März 2009 war Prof. Amberg Dekan und ist seit Oktober 2007 zusätzlich Fachbereichssprecher der neu strukturierten Gesamtfakultät Rechts- und Wirtschaftswissenschaften der Universität Erlangen-Nürnberg.

Dipl. Volkswirt Markus Haushahn ist seit Januar 2008 wissenschaftlicher Mitarbeiter und Doktorand des Lehrstuhls für Wirtschaftsinformatik III an der Friedrich-Alexander-Universität Erlangen-Nürnberg. Er studierte Volkswirtschaft in Erlangen und München und absolvierte sein Diplom 2007. Zu seinen Schwerpunkten in der Forschung am Lehrstuhl Prof. Michael Amberg gehören das Wissensmanagement, die Wirtschaftlichkeit und Akzeptanz von IT-Investitionen sowie der Umgang mit neuen Technologien und mobilen Diensten.

Herr Peter Weiß hat nach seiner kaufm. Ausbildung das Studium der Wirtschaftspädagogik mit den Schwerpunkten Wirtschaftsinformatik und Controlling aufgenommen und arbeitet derzeitig an seiner Diplomarbeit, in der er die Chancen und die Akzeptanz von BPM-Systemen im Personalmanagement eruiert. Während des Studiums arbeitet er als studentische Hilfskraft am Lehrstuhl für Wirtschaftsinformatik III.

aconso

...viel mehr als nur Personalakte!

aconso Creator
aconso Process
...

aconso
Digitale Personalakte
aconso
HR-Information-Processing

kontakt@*aconso*.com
www.*aconso*.com

Fachbücher für Personalarbeit und Entgeltabrechnung

alga-Competence Center
Jahreswechsel 2009/2010 im Überblick
Leitfaden für die Entgeltabrechnung

1. Auflage 2009
ca. 20 Seiten – PDF
Lizenz zur uneingeschränkten Nutzung im Unternehmen
€ 59,- zzgl. 19% MwSt.
ISBN 978-3-89577-566-6

Inklusive Online-Update

JAG-Fragebogen 2010 für die Beurteilung der Krankenversicherungspflicht/-freiheit
PDF-Mustervorlage
Lizenz zur uneingeschränkten Nutzung im Unternehmen
4. überarbeitete Auflage 2010
4 Seiten DIN A4
€ 49,- zzgl. 19% MwSt.
ISBN 978-3-89577-582-6

alga-Competence-Center
(bearbeitet von Klaus Oppermann)
Das neue Kurzarbeitergeld
Leitfaden für die Personal- und Abrechnungspraxis
1. Auflage 2009
64 Seiten – PDF
Lizenz zur uneingeschränkten Nutzung im Unternehmen
€ 59,- zzgl. 19% MwSt
ISBN 978-3-89577-554-3

Alexander Enderes
Das Einmaleins der Entgeltabrechnung 2010
Der Ratgeber zur Lohn- und Gehaltsabrechnung mit Praxisfällen
7. überarbeitete Auflage 2010
ca. 470 Seiten – Paperback
17x24 – ca. € 45,-
ISBN 978-3-89577-578-9

Prof. Dr. Michael Popp
Handbuch Reisekostenrecht 2010
Arbeitsanleitungen für die Personal-, Abrechnungs- und Buchhaltungspraxis
Aktuelles Recht anhand praktischer Fallgestaltungen
15. neu überarbeitete Auflage 2010
ca. 442 Seiten – Paperback
17x24 cm – ca. € 45,-
ISBN 978-3-89577-577-2

Dieter Bartosch
Digitale Personalakte
Recht · Organisation · Technik
2. neu bearbeitete Auflage 2009
ca. 200 Seiten
Paperback – € 34,-
ISBN 978-3-89577-553-6

Verlagsgruppe Hüthig Jehle Rehm GmbH · Tel.: 02234/96610-0 · bestellung@datakontext.com · www.datakontext.com

F Literaturverzeichnis

[AbMü2004] Abts, Dietmar; Mülder, Wilhelm (2004):
Grundkurs Wirtschaftsinformatik:
Eine kompakte und praxisorientierte Einführung, Vieweg+Teubner Verlag, 2004

[Bach2007] Bachstein, Elke (2007):
Praxiswissen Arbeitsrecht für die PDL:
Rechtssicherer Umgang mit Mitarbeitern in der Pflege, Elsevier GmbH Deutschland, 2007

[Drum2008] Drumm, Hans J. (2008): Personalwirtschaft, 6. Auflage, Springer Verlag, 2008

[Fran2000] Franz, Regine (2000):
Die elektronische Personalakte,
http://www.btq-kassel.de/upload/m459fc0f009486_verweis1.pdf
[Stand 28.10.2008]

[Gert2007] Gertz, Winfried (2007):
Die digitale Personalakte,
http://hr.monster.de/13026_de_p1.asp
[Stand 28.10.2008]

[Gren1999] Grentzer, Martin (1999):
Räumlich-strukturelle Auswirkungen von Luktechnologien in transnationalen Unternehmen,
LIT-Verlag, Berlin-Hamburg-Münster, 1999

[Holt2007] Holtbrügge, Dirk (2007): Personalmanagement, Springer Verlag, 2007

[Hopp1993] Hoppe, Michael (1993):
Organisation und DV-Unterstützung der Personalwirtschaft, Eul-Verlag, 1993

[Jung2006] Jung, Hans (2006): Personalwirtschaft, 7. Auflage, Oldenbourg Verlag, 2006

[Kili1981] Kilian, Wolfgang (1981):
Personalinformationssysteme in deutschen Großunternehmen,
SpringerVerlag,1981

[Klas2005] Klasen, Evelyn (2005):
Unternehmensinterne Datennetze im Lichte der Betriebsverfassung,
Tenea Verlag, 2005

[KrOt2006] Kruppke Helmut; Otto, Manfred; Gontard, Maximilian (2006):
Human Capital Management, Personalprozesse erfolgreich managen,
Springer Verlag, 2006

[Lohm2008] Lindner-Lohmann, Doris, Lohmann, Florian, Schirmer, Uwe (2008):
Personalmanagement, Physica-Verlag, 2008

[NoKö2004] Nolden, Rolf-Günther; Körner, Peter; Bizer, Ernst (2004):
Industriebetriebslehre: Management betrieblicher Prozesse,
Bildungsverlag Eins, 2004

[o.V.2006] o.V. (2006):
Elektronische Personalakte
http://www.pressebox.de/pressemeldungen/hr-solutions-gmbh/boxid-82645.html
[Stand 28.10.2008]

[o.V.2007] o.V.(2007):
Datenschutz: Elektronische Personalakte – Tipps für eine gelungene Umsetzung,
http://www.bwrmedia.de/themen/personal/arbeitsvertrag/01311_elektronische-personalakte--7-tipps-fuer-eine-gelungene-umsetzung-in-ihrem-unternehmen.php
[Stand 28.10.2008]

[o.V.2008] o.V. (2008):
Die elektronische Personalakte ist im Kommen,
http://www.computerwoche.de/knowledge_center/mittelstands_it/1866142/
[Stand 28.10.2008]

[Scho1991]: Scholz, Christian (1991):
Leitfaden PC im Personalbereich,
TÜV-Rheinland-Verlag, 1991

[Schu2006] Schumann, Andrea (2006):
Die elektronische Personalakte: Grundvoraussetzung für moderne Personalarbeit,
http://ismas.bwl.fhwiesbaden.de/cms/upload/downloads/ISMAS_Executive_Summary_Expertenrunde_ePA.pdf
[Stand 28.10.2008]

[ScGu2003] Scholz, Christian; Gutmann, Joachim; Gerhard-und-Lore-Kienbaum-Stiftung (2003):
Webbasierte Personalwertschöpfung: Theorie- Konzeption- Praxis,
Gabler Verlag, 2003

[Stro2008] Strohmeier, Stefan (2008):
Informationssysteme im Personalmanagement: Architektur- Funktionalität- Anwendung,
Vieweg+Teubner Verlag, 2008

[Witt2007] Witt, Bernhard C. (2007):
Datenschutz kompakt und verständlich: Eine praxisorientierte Einführung,
Vieweg+Teubner Verlag, 2007

[Müld2000] Mülder Wilhelm (2000):
Personalinformationssysteme – Entwicklungsstand, Funktionalität und Trends,
In: Wirtschaftsinformatik, 42, S. 98-106, 2000

[Schö2001] Schössler, Christof (2001):
Personalzeichen XY ungelöst: Reif für den Schredder,
http://www.tagesspiegel.de/zeitung/Sonderthemen;art893,
1897726 [Stand: 12.01.2009]

[Gott2006] Gottwald, Michael (2006):
Human resources software – der Praxisratgeber für Personalentscheider;
Anforderungen, Funktionalitäten und Anbieter,
Wirtschaft/Huss-Verlag, Berlin, 2006